重整習慣

小林弘幸

重開機生活
打造新人生

序◎為何現在需要重開機？

「重開機」這個詞可以看到希望。寫這本書時，我一直在心裡提醒自己這件事。

我們每個人的每一天生活，並非永遠都是「狀況很好」、「全身上下都沒問題」、「心情愉悅」的。

日常生活充滿了各種壓力，而且影響身體狀況的因素也無所不在。

人際關係帶來的煩惱可說是不計其數，不停加班令人身心俱疲，晚上也可能因為擔心自己、家人、朋友的事而難以入眠。

諸如此類的種種因素，打亂了我們身心的狀態。

人的身體很會「順應環境」，卻不太懂得「改變環境」，自律神經就是最好的例子。一旦遇到什麼不好的事，就像是陷入了「負面循環」，會一直持續下去。

如果自律神經失調，陷入負面循環的話會發生什麼事？

首先是呼吸變淺，血液循環變差。

如此一來，腦部及其他器官得不到充足的氧氣及養分，便無法冷靜做判斷，或是控制不了情緒。

這會增加失言的風險，進一步惡化人際關係。於是，因為懊惱「唉，說了不該說的話……」，使得自律神經更為紊亂。

自律神經失調也可能使得你一面覺得「身體好像哪裡怪怪的」、一面工作，因而注意力下降、表現變差，而工作品質下降或是進度不如預期，會令人感到焦躁，結果又進一步擾亂自律神經運作。

這完全就是被「負面循環」帶著走，脫不了身的狀態。

這種狀態若持續下去，肯定會對身體產生影響。有不少人會頭痛，或是脖子、腰等各種部位疼痛，也有可能長期感到倦怠。

人的身體擅長「順應環境」，卻不懂得「改變環境」

許多人這種時候都會心想「應該是我太累了吧」、「好好休息一下吧」，但卻往往事與願違。

如果自律神經已經失調，就算身體感到倦怠，副交感神經也無法充分發揮作用，因此還是難以放鬆休息。

這會造成睡眠品質變差，到了隔天又被捲入「負面循環」之中。

如此一來即可明白，人的身體很會「順應環境」，但實在不懂得「改變環境」。日常生活中的一點小事，都有可能將我們的身體拖進「負面循環」。

「重開機」正是拯救我們擺脫這種狀況的良藥。

甚至可以說，**「重開機」是讓身心維持在良好狀態最重要的觀念**。

重開機的基本概念是「斬斷負面循環，創造正面循環」。

日常生活中各種令人心煩的事或壓力，基本上是避不掉的，重點在於斬斷這些事形成的負面循環，不要被帶著走，將負面循環化為正面循環。

只要具有重開機的觀念，了解該如何實踐，就能將身心帶向正面循環。

本書便是要告訴你99則「重開機的重要觀念及實踐之道」。

「負面循環」還留在身體中

自二〇二〇年以來，我們就一直生活在新冠肺炎的疫情中，相信許多人的生活型態，都因為疫情的關係被迫做出改變。

應該也有人已經習慣新的生活型態，甚至覺得「以前的生活回來了」。的確，和確診人數激增、頻繁發出緊急事態宣言的時候相比，可以說已經逐漸恢復普通的生活了。

那麼我們的身心是否已經恢復成過去的「正面循環」呢？答案絕對不是肯定的。

身為醫師，我每天持續面對病患，親身感受到已經持續2年半以上的疫情「負面循環」，仍然一點一滴地侵蝕著我們。

不僅有許多人因為自律神經失調，而導致生活習慣病惡化，也有不少人表示自己有**不明原因的身體無力、失眠、早上起床覺得很痛苦**等症狀。

提到自己有心理方面的問題，受憂鬱症等精神疾病所苦的人也比過去增多。「新冠肺炎×兒童及青少年問卷」（日本國立成育醫療研究中心）的結果顯示，有中等程度以上憂鬱症狀的比例逐漸增加，高中生30%、國中生24%、小學4～6年級生15%。

不僅確診人數及人流受到疫情影響，各種層面都受到波及，而且仍在我們看不見的地方持續著。雖然疫情已經趨緩，看似恢復了過去的生活，但我們的身體卻無法輕易「將循環導正回來」。

就像前面提到的，人的身體很會「順應環境」，但卻不懂得「改變環境」。我們一直沒有特別留意已經持續超過2年半的「負面循環」，於是漸漸被拉了進去。

因此我們需要「重開機」。

2年的歲月，足以改變我們的觀念、想法、生活習慣及身體狀態。

不是「找回來」，而是「重新開始」

而我想說的，並不是「完全找回原本的生活」，而是立足於現在的環境及生活型態之上，建立新的「屬於自己的生活」與「人生之道」。我認為，我們需要有意識地去思考。

因此重點在於「多用點心在重開機上」，例如本書推薦的「培養新的興趣或生活習慣」、「大刀闊斧改變布置」等。

在現在這個時期，我們必須加強重開機的力道，不要只是「不明所以地維持現狀」，而是要「下決心做出改變」、「嘗試過去沒做過的事」。

現在我們該關注的，不是「找回來」，而是「重新開始」。

也不是「不明所以地為改變而改變」，而是「下定決心重新開機」。

就算你先前的身體或心理狀態不甚理想，也不用擔心。

只要具有重開機的認知，現在開始就能展開新生活。

讓人生重開機！

本書還想要告訴你另一個重要的主題。

那就是「人生的重開機」。

近年來報章媒體等常說，現在已是「人生100年時代」，正如字面上的意義，我們的壽命的確是延長了。

但你聽過「平均壽命」和「健康壽命」這些詞彙嗎？

平均壽命指的是我們平均可以活到多少歲。

健康壽命則是指能夠不受健康問題影響，自由自在生活的年齡。簡單來說，就是「有力氣好好活著的年齡」。

厚生勞動省每3年發表的數據顯示，二〇一九年日本人平均壽命為「男性81・41歲」、「女性87・45歲」，但健康壽命則是「男性72・68歲」、「女性75・38歲」，**平均壽命與健康壽命之間，約有「9～12歲」的差距**。

就算完全消弭這個差距是很困難的事，仍然要盡可能縮小差距。如果想做到這一點，我們最該具有怎樣的認知呢？

我認為仍舊是「重開機」，也就是「從現在起讓自己的人生重開機」的積極心態。

我會在本書中不厭其煩地傳達**「放眼起點，而不是放眼終點而活」**這個訊息。

舉例來說，假設再過一年就要退休了，你的心情會是怎樣呢？想必是覺得「唉，只剩一年就要結束了。」

身為上班族的人生或許會就此結束，但這並非盡頭，同時也是新的開始。

既然只剩一年就要結束了，那結束之後再來做些什麼吧。

那麼現在可以先做哪些準備呢？這正是重新開機的時刻。

不是只有快退休的人適用這個道理，無論你是50多歲、40多歲，或是更年輕、更年長的人，當下永遠都是「重開機的時刻」。

你接下來要開始做什麼呢？

我也會在本書中拋出這個問題。

無論你現在是何種處境，這個當下的你毫無疑問是最年輕的。如果真有所謂「開始做一件事的時機」，那麼現在這個當下就是最佳選擇。

現在開始有所行動，你的人生就會開始改變。

只要朝著你想要的方向踏出一小步，這個當下就會成為重開機的瞬間，你也會更加靠近自己追尋的未來。

感覺怎麼樣呢？是不是開始覺得期待？

雖然我已經62歲了，但是在描繪自己往後30年的願景時，還是會覺得既雀躍又興奮。

正因為有人生過往的經驗，所以能看到今後要面對的主題及領域，我對此期待不已。

我自己正迎來人生重開機的時刻，而你也一樣。

帶著期待放眼未來而活，有助於照顧自律神經，進而打造健康的身心。

對自己的未來懷抱希望，才能活得有朝氣，「要活得有朝氣」的想法，也能反過來幫助你留心自己每一天的狀況。

「重開機」這個神奇的咒語，可以幫助你從現在起展開「令人期待的人生」。正因為如此，我在「重開機」這個詞中看到了希望。

二〇二二年七月　小林弘幸

重整習慣　目次

第2章　減少、整理、精簡

第3章 決斷、建立準則、堅定態度

第4章 讓「面對自己的心態」重開機

第5章 讓「面對工作的心態」重開機

第6章 讓「面對他人的心態」重開機

第7章 消除壓力的「日常重開機妙方」

第8章 消除疲勞的「身體重開機妙方」

開始閱讀正文之前——先認識自律神經

近年來，大眾對於自律神經的認知，已經愈來愈普遍也愈來愈深入。

相信許多人都知道，自律神經包括「交感神經」和「副交感神經」，各有不同作用。

不過，本書的正文並不會詳細介紹交感神經、副交感神經，因此先簡單地說明。

人的身體有「手、腳、嘴巴」等可以自由控制的部分，以及「血管、內臟」等無法自由控制的部分。自律神經便是負責掌管「無法自由控制的部分」的運作，如同其名稱般「自律地」（自動地）在體內發揮作用。

自律神經包括「交感神經」與「副交感神經」2個部分。

自律神經一天之中的變動

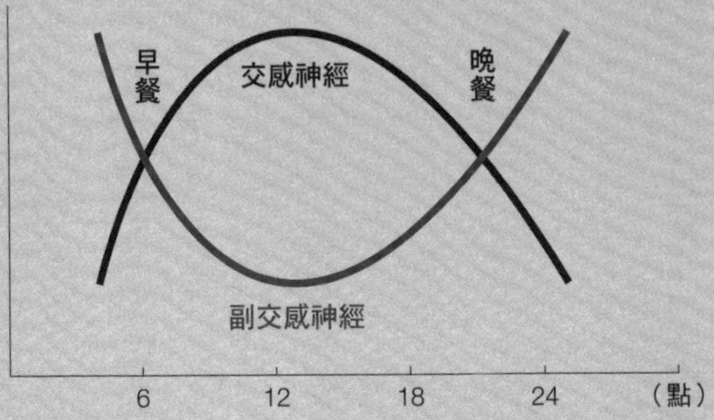

交感神經就像是汽車的油門，負責讓身體動起來，從事運動或感到緊張時，交感神經會較為活躍。

至於副交感神經則扮演剎車的角色，在放鬆時居主導地位。

如上圖，交感神經、副交感神經在一天之中會有變動，早上身體進入「活動模式」時，是交感神經居主導地位；晚上進入「休息模式」時，則是副交感神經居主導地位。

照顧自律神經的訣竅，在於善加利用這種一天之中的變動。

例如，早上起床後曬曬太陽，曬太陽可以讓身體知道現在是早上了，打開「活動模式」的開關。接下來好好吃頓早餐，如此一來就能讓交感神經做好充足的準備。

早上起床後，如果遇到「覺得身體提不起勁」、「到公司以後還遲遲無法進入狀態工作」等狀況，有可能就是交感神經還沒有完全運作起來。

而到了晚上進入「休息模式」時，應該避免過度運動或看電視、滑手機到太晚等行為，才不會使交感神經太活躍。

悠閒地泡個澡、用平靜的心情回顧一天等，幫助自己進入「休息模式」的行為，都能夠自然而然地照顧好自律神經。

想維持良好狀態，就要維持「良好的血液循環」

血液循環是維持良好狀態非常重要的關鍵。

血液循環如果不好，會無法運送足夠的養分及氧氣給身體，不僅會導致膝蓋、腰、脖子等部位疼痛，若養分無法送到腦部，還會使人無法專注思考、難以控制情緒。

其實「血液循環」和思考、專注力、情緒等，都有很大的關係。

而掌管血液循環的，也是自律神經。

如果交感神經過度活躍，血管會收縮，造成血液循環變差。

相反地，當副交感神經活躍時，血管會放鬆，養分及氧氣能夠確實運送到身體各個角落的毛細血管。

相信大家應該有緊張時頭腦不靈光、難以專注，或是手指冰冷的經驗，這就是緊張導致交感神經亢奮，造成血管收縮、血液循環變差的證據。

這種時候大口、慢慢地深呼吸，可以令交感神經平靜、提升副交感神經的運作，進而改善血液循環、調整身體狀態。

了解自律神經的運作，對於維持良好狀態有很大幫助。

凡事都先從「身體的狀態」下手

由於我是自律神經的專家，因此不會試圖靠心情解決心情的問題，而是「先從改善身體的狀態做起」。

例如，從醫學觀點來看，對心情低落的人說再多次：「打起精神來啊！」對方也不會因此就好起來。

心情低落、鬱鬱寡歡時，交感神經的運作會呈現低迷，副交感神經也很可能同樣是低迷狀態。

這種時候聽些有節奏感的音樂、起身走一走、去外面曬曬太陽等，都能有效改善自律神經的狀態。

我的基本思維是，無論是心理方面，還是生理方面的狀態不佳，都先從「改善身體的狀態」著手。

感覺煩躁或悶悶不樂時也一樣，知道「怎麼做才能調整身體狀態，幫助心情重開機」，遠比設法振作心情，更容易管理自己的狀態。

要調整的不是心情，而是「身體的狀態」。

維持良好狀態從睡眠做起

照顧自律神經，最基本的就是睡眠。

若睡眠品質好，副交感神經會在睡眠時活躍運作，早上起床後順利地將主導權交給交感神經，在良好的平衡關係中，開始一天的生活。

但若是飲酒過量，或看電視、滑手機到深夜，交感神經到了睡覺時都還維持在高檔狀態，使得副交感神經無法好好運作。

這可以比喻成「睡覺時也依舊處在活動模式」，是充滿矛盾與衝突的狀態。

睡眠品質若是一直如此不佳，睡到早上也還是會覺得疲憊。副交感神經極為低迷，交感神經的運作也提升不上來，一天就在這種自律神經被打亂的狀態下展開。

如果早上是這種狀態的話，短則半天，實際上很可能一整天都在這種「負面循環」中度過。

由此可見，睡眠是何等重要。

睡眠會決定一天的狀態，甚至是決定你人生的狀態。

掌握了這些基礎知識後，就開始閱讀正文吧。

經歷過疫情的我們，現在究竟該做什麼？

接下來將從這個主題開始，介紹「建立準則的重要性」、「如何面對自己及他人」、「在日常生活中實踐的小撇步」等99招「重開機妙方」，每一招都很簡單，而且馬上就可以付諸實行。

希望你也能順利重開機，斬斷侵蝕身心的「負面循環」，創造出「正面循環」。

第 1 章

後疫情時代的處方箋

從現在起要提醒自己的「2個重點」

第1章以「後疫情時代的處方箋」為題，將介紹從現在開始，要特別提醒自己的重開機重點及方法。

我們在經歷了長時間的疫情後，應該已經習慣所謂的「後疫情」、「與病毒共存」的生活型態了。

但我想在此提醒大家，由於自二〇二〇年疫情爆發以來，我們一直活在疫情之中，使得許多人總覺得身體不對勁，或是行動力大不如前。

雖然沒有生病，但身體也不是在最佳狀態。

不覺得自己心情低落，但卻不像過去那樣有行動力。

許多人都有這種感覺，我的診所便遇過不少類似的案例。人的身體與心理都很會「順應環境」，但卻非常不懂得「改變環境」。自疫情爆發以來，我們陷入停滯模式超過2年半，這樣的生活在不知不覺間佔據了身體及心靈。

這時候我們需要的是「大膽並且有意識地主動重開機」。

本書將**針對「建立新習慣」、「凡事以『行動』作為優先選擇」這2大主題，傳授各種觀念及核心知識。**

例如，「把星期四訂為『重開機日』」、「大刀闊斧改變布置」等方法，可以幫你的生活增添新意。這些方法不是要你維持現狀，而是告訴你如何主動改變環境。另外也會分享各種將重點放在「行動」的觀念，像是「改掉『拖延病』」、「起心動念的話『做就對了』」等。我們已經太習慣「不動」了，接下來應該要多提醒自己「動起來」。

多培養1個「早上的習慣」

相信許多人的生活習慣，都因為疫情的關係，多多少少產生了變化。

過去幾乎沒有居家工作過，現在卻習以為常；應酬、聚餐變少了，轉而花更多時間進行線上交流……這樣的人應該不在少數。

另外，像是約朋友出來喝咖啡聊天，這種稀鬆平常的事，在「疫情前」和「疫情後」也出現微妙的變化。這種感覺就像是一幅畫，過去原本是淺藍色的明亮色調，經過疫情後彷彿蒙上了一層陰影。

雖然是做同樣的事或在同樣的地方，**周圍的色調卻好像變黑、變暗了**。

自律神經也會因為這種「不知不覺間產生的變化」而被打亂，相信不少人感到疲勞無法消除、懶散提不起勁的時間變多、睡眠品質不佳等小毛病，我也聽過許多人因為血液循環不佳，導致肩膀痛、腰痛或是頭痛。

多培養1個「早上的習慣」，能夠有效幫助「不知不覺間被打亂的生活」重開機。

早上散步30分鐘是最好的選擇，若抽不出時間，就算只是去陽台上伸展5分鐘也可以。如果你以前早餐都是隨便解決，那就**自己動手烤吐司**、**好好沖杯咖啡**，培養這類的習慣都很不錯。

甚至更簡單，一面聽音樂、一面提醒自己深呼吸也ＯＫ。

重點在於不要「毫無想法地開始一天」，而是主動「創造出好的循環」。

「多1個動作」就可以讓心情重開機

真的只要「1個動作」，就可以大大改變心情。

例如，平常在車站都是搭電扶梯，那就改成走樓梯；若覺得爬樓梯太累，也可以只要下樓梯就好；或者電車上就算有再多空位，也絕對不坐下。

去便利商店、超市買東西時，記得向店員說聲「謝謝」，或是跟咖啡廳的店員打聲招呼。類似這樣的「多1個動作」，效果都很不錯。

我最近參加新聞節目錄影時，曾提到**和別人說「你先請」，禮讓他人有助於照顧自律神經**，得到了極大好評。

英國有習慣說「After you」（你先請）的禮讓他人文化，只要這樣1個小動作，就可以讓心情變好、改善自律神經的狀態。

將這種「多1個小動作」的習慣，融入到自己的生活中，**每做一次就等於小小重開機了一次**。

這樣做真的有種神奇的魔力，就算工作上遇到不愉快，一肚子火地離開公司，只要對路上便利商店的店員說聲「謝謝」，心情也能得到片刻紓解。

即使因為一直加班，身體疲憊不堪，回家搭電梯時禮讓他人，就會有種「我做了好事」的感覺，讓心情愉快起來。

從維持身心良好狀態的觀點來說，這些行為要提醒自己主動去做。

只要一天能做到1個自己想好的小動作，自律神經在那當下就會有所改善，能夠重開機，而這是每個人都可以馬上做到的事。

早上花1分鐘想像自己的一天

我很推薦大家養成早上「花1分鐘想像自己的一天」的習慣。

發生意料之外的事、心情焦躁慌張，都對自律神經有害。交感神經在那當下會過度活躍，破壞自律神經的平衡。

雖然只是一點小事，但每個人在發現自己忘了東西的瞬間，都會忍不住想「完蛋了……」、「怎麼辦？」如果是在去和客戶開會的路上，也會一直想「少了那份資料的話有沒有關係？」、「該回去拿嗎？」、「回去拿的話，時間來得及嗎？」等各種問題。

自律神經在這時候會完全亂掉。

身體在這種狀態下，不僅無法冷靜做出判斷，還有可能又再犯錯。

如果想減少這種「意想不到的狀況」，建議早上醒來後，花1分鐘想像一下「今天的預定事項」，躺在床上想像也可以。

我自己則是習慣**在前一天睡前，稍微確認一下預定事項，早上起床後「想像一天的流程」**，時間只要1分鐘左右就夠了。

要去醫院或學校做什麼？要準備什麼？要在幾點去哪裡？安排行程時應該注意些什麼？就只是像這樣，稍微想像一下一天的流程。

如此一來，就能用非常平靜的心情開始一天的生活，並大幅減少東西忘了帶，或是沒做好該做的準備之類的狀況。

這件事不一定要在床上做，早上散步時或走路去車站的途中，想像自己的一天都可以。只需要花費1分鐘的習慣，就能改變你一天的生活。

把星期四訂為「重開機日」

一個星期之中要有一天「重開機日」。

這也是我建議的習慣之一，雖然說是「重開機日」，但並不是要做什麼誇張的事，**吃頓稍微特別點的午餐、早點做完工作去喝杯咖啡**，這樣的習慣就夠了。

「重開機日」訂在星期幾其實都可以，我自己因為過去在外科工作時的習慣，一直將星期四訂為「重開機日」。

當時外科固定將大手術排在星期一與星期三，重要的大手術尤其集中在星期三，有些手術甚至要從早上到夜晚（甚至到隔天）。

動完手術後的星期四，對我而言便是「重開機日」。

自律神經的調查也顯示，星期四是數值最差的一天，許多人都是週一至週五工作，努力撐到星期三大概還不是問題，但到了星期四，無論是身體方面或精神方面的狀態，都會有所下降。

星期五則因為「明天就是週末了」、「今天是最後一天了」之類的動力，可以將心情重新鼓舞起來。從這樣的循環來看，重開機日訂在星期四是很合理的。

順便分享，我自己習慣在星期四看漫畫雜誌《YOUNG JUMP》當作重開機，最喜歡的作品是《王者天下》，每週都非常期待。

相信有許多人都會期待固定某天出刊的漫畫或播出的電視劇，我希望大家將此定位為一週之中的「重開機日」，**主動做出「一週之中的區隔」**，而不要只把這件事單純視為習慣。這樣做可以為日常生活增添變化。

大刀闊斧改變布置

即使單就照顧自律神經這層意義而言，我也非常建議大家改變布置。**「打造自己覺得舒適的空間」**、**「創造出一片新天地」**，對於提升狀態能給予直接的幫助。

不妨嘗試更動辦公室的空間配置，或是將家裡的風格整個改掉，無論是住家或辦公室，若把檔案櫃、櫃子、架子全部撤掉，只留一張桌子下來，說不定也很不錯。

如果要改變布置，大家應該都會先從丟掉用不到的東西做起，其實光是在這個階段，心情就已經得到了整理，自律神經的狀態亦會開始好轉。

丟掉用不到的東西令人心情舒暢，將空間打造成自己覺得舒服的樣子、製造出新鮮感，當然也對自律神經有幫助。

平時我總是建議大家，每天一點一滴地整理，但從現在開始，希望大家**將「一口氣、劇烈地」當作關鍵字**。

疫情告一段落後，許多人都以為生活已經恢復到過去那樣了，但「疫情下的停滯氛圍」在生活周遭及內心所留下的影響，其實超過我們的認知。

所以在這個當下，我們必須一口氣做出劇烈的改變，而不是毫無想法地過日子。

不管是進行整理還是重新布置，請試著大刀闊斧地一口氣做出改變，花一天也好、花三天也好，我建議一旦決定要做就專心地做下去。

當家裡的氣氛有了天翻地覆的改變，你的心情也會明顯出現變化，現在正是重新開機的好機會。

改掉「拖延病」

「拖延病」是我們經歷了疫情後，不知不覺養成的壞習慣。

過去一段時間，我們總是把「等到疫情結束後……」掛在嘴邊，因此許多人都不選擇「現在行動」，而習慣把事情往後延。**人愈常動，腳步就愈輕盈；如果愈不動，就會愈來愈笨重。**

若沒有動，就連肌力、體力都會變差，等到想要動時，身體就會使不出力。過去常把疫情當成藉口而不行動的人，疫情過後愈會發現自己動不起來。

現在該做的，是改掉拿疫情當藉口的「拖延病」，**把「無論如何先做做看」當成目標。**

重點在於「行動」，因此不用在意內容。

可以去看自己喜歡的電影，去有興趣的餐廳吃飯，或咖啡廳喝咖啡也ＯＫ。就算只是去書店，看看自己平時沒接觸的書籍，如果可以買一本書，打開一扇門踏入新領域當然最好，但即使沒有這樣做，光是去書店也就夠了。

還在想「等疫情結束後去旅行好了」的人，不要等「疫情結束」，而是應該思考「有什麼地方現在就適合去」，並且實際動身，**就算只是去搭電車幾站就會到的公園也很棒**。

這些小小的行動，可以讓腳步變輕盈。

改掉「拖延病」，這是非常重要的心理建設。

起心動念的話「做就對了」

相信每個人都有對某件事、某樣東西「起心動念」的瞬間。

例如，走在路上時，碰巧看到某間神社，覺得「這間神社感覺好像不錯」；在社群媒體上，看到別人去了某個美術展，產生「好像很好看」、「想去看一看」的想法。

類似的例子其實不勝枚舉，像是看到電視上介紹網美咖啡廳，才發現原來公司附近有這樣一個地方，於是產生「改天去一下」的念頭。

這是每個人在日常生活中都會有的想法。

然而**大多數人都僅止於「有這個念頭」而已**，沒有實際付諸行動的人恐怕是多數。

遇到類似狀況時，請你試著換個想法，選擇「直接付諸行動」。

我了解，實際行動很麻煩，因此我們往往一不小心就順從了「不要行動」的想法。但改善自律神經狀態的重點，就在於「要自己創造出正面循環」。

即使麻煩了點，選擇「付諸行動」一定能讓你心情變好，並獲得小小的成就感。

在這個瞬間，你不僅成功做到重開機，狀態也會有所提升。

另外再補充一點，當一天結束之際，希望大家可以**在日記或記事本裡寫下「今天有哪些事選擇付諸行動」**，就算只有3行也好。

這種回顧與心理建設十分重要，這樣做可以讓你察覺「自己有多麼懶得行動」，當逐漸變得願意選擇「付諸行動」後，隨之而來的成就感會讓你上癮，而且內心的充實感也與以往截然不同。

沒有任何興趣的人就「學知識」

常有人問我，後疫情時代該做什麼才會對自律神經有幫助。

我的答案是「請培養新的興趣」。

「新的興趣」是幫助自己的生活、生活型態、運用時間的方式，重新開機的最佳選擇。不管是慢跑、健走，或單人露營、攝影等，任何興趣都可以。

不過，提到這個話題，總會有人表示「我沒有任何興趣」，或是「我找不到什麼想做的事」。

其實我也一樣，所以很了解那種感覺。

我給這一類人的建議是學習知識，聽到學習知識，你的腦海中可能會浮現學生時代辛苦念書的畫面，但其實**已經出社會的我們，可以更自由、更快樂地學習知識**。

我原本就喜歡學習「新東西」、累積知識，若說這就是我的興趣也不為過。因為工作的關係，我會閱讀各種論文，也很喜歡學習歷史知識。

看到電視上在播鎌倉時代的古裝劇，我就會有「來研究一下這個時代吧」的想法，隨興地看書、上網查資料，覺得十分有意思。

如果你是對植物感興趣的人，也可以學習各種花草的知識，對花草熟悉後，便會開始注意生長在路邊的植物，甚至為此出門散步。

愈是自認為沒有任何興趣的人，愈應該學習知識，這樣做可以為日常生活帶來變化，也是重開機的最佳機會。

趁現在做好「身體保養」

我希望大家能趁現在完成一件事，那就是做健康檢查。

疫情期間有一項嚴重的問題，便是許多疾病都未能及時發現。我服務的醫院就有不少病患，因為太慢做檢查，直到病情嚴重時才發現身體有異。

許多病患都表示，「因為疫情的關係沒有做健康檢查」、「本來想說等疫情過後再檢查」，這類「拖延病」直到現在都還存在，而且也有年長者仍抱持著疫情期間的印象，認為「醫院是危險的地方」。

每個人發現自己生病時心情一定都會大受打擊，我也很了解因為疫情而想把事情往後延的心情。

但**就醫生的立場而言，發現生病其實是幸運的事**。透過健康檢查揪出的疾病，大多是在幾乎沒有自覺症狀的狀態下發現的，沒有比這更幸運的事了。

平時因為太忙而沒時間去醫院的人，在居家工作成為常態、應酬及聚餐減少後，應該比較容易空出時間。即使仍在疫情期間，只要有時間一定要做健康檢查，如果幸運地發現問題，應該也比較容易排出時間治療。

萬一因為疫情而拖延，等到半年、一年後才發現問題，一定會後悔自己為何沒有早一點接受檢查。

現在正是保養身體的絕佳時機。

檢查後若沒有任何問題，算是了卻一樁心事；若發現身體有異狀，也可以及時治療。

早1小時起床

若想讓生活習慣重開機，最簡單的方法就是「早1小時起床」。

就算是以前完全沒有居家工作過，應該也有不少人的工作型態，受疫情影響而有所改變，每週有好幾天是在家上班。

也因為如此，起床時間難免會變晚，晚起床又會讓人在懶散的狀態下開始一天，或是忙得不可開交。

無論是哪一種，用這樣的方式開始一天的生活，都很糟糕。

一日之計在於晨，這句話一點也不誇張。

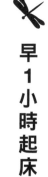

如果可以從副交感神經居主導地位的狀態，順利切換到交感神經居主導地位的「活動模式」，這一天就能進入正面循環。**早上的狀態若是不好，整個人會低迷到中午。**

早起散個步，可以把心情或身體都調整到良好狀態；不散步也沒關係，在悠閒的氣氛中聽聽音樂，或花30分鐘看書都很不錯，也很推薦養成每天整理一個地方的習慣。

無論如何，如果早上可以擁有這種「悠閒從容的時間」，自律神經的狀態將得到壓倒性的提升。

回顧我們每天的生活會發現，沒有什麼人有「悠閒從容的早晨時間」，大多數人應該都是「晚上」或「假日」，才有辦法擁有「悠閒從容的時間」吧。

即使30分鐘也好，每天早上能擁有這種「悠閒從容的時間」，生活會有明顯的改變，我真的很推薦這個方法。

第 2 章

減少、整理、精簡

透過精簡讓自己隨時都能重新出發

第2張的主題是「減少、整理、精簡」。

我一直很推薦透過「整理」照顧自律神經的狀態，把身邊環境整理好，身體的狀態也會得到改善，有助於重開機。

如果活得愈久，無論是實質層面或精神層面，都會累積愈多東西。

最簡單的例子就是衣服之類的物品，10年前買的衣服，最近幾年已經沒在穿，甚至忘了衣櫃裡還有這件衣服，相信這樣的衣服，各位應該都有幾件。

第2章會分享許多訣竅，幫助你藉著這個機會，減少各式各樣的物品。

例如，「清理舊照片」，也是一種重開機。

其實重開機，也等於「捨棄」。

延續是指與過去連結的狀態，重開機則是暫時切斷過去、重新開始。**懂得切斷過去、做出捨棄的人，也會懂得如何重開機。**

另外，這一章也要傳達「放眼起點，而不是放眼終點而活」這則重要的訊息。

我們的思維總是習慣關注「終點」，即將退休的人會覺得「自己的職場人生到終點了」；如果被醫生宣告只剩一年壽命，也會認為「結束了」。

但在人生之中，「現在」永遠是起點。

重開機真正的意義，其實也是「隨時重新出發」，我們在任何一個瞬間，都可以有新的開始，絕對不是為追求終點而活。

放眼「起點」而非「終點」

許多人在退休前都會收拾辦公桌，換工作或職務異動時大概也是。

我自己在3年半後也將從大學教職退下，似乎差不多可以開始收拾辦公桌了。或許有人會認為這樣未免太早，但對我而言其實並不會。

原因在於**「整理的目的不一樣」**。

許多人整理、收拾的原因，是因為「在這裡的工作已經到了盡頭」，換句話說，是因為終點的到來而整理。

但是，人生在世重要的是「放眼起點」，而不是「放眼終點」的心態。

對我而言，離開大學教職的那一天並非終點，而是追求其他新事物的起點。

我總是關注著起點，因此才要提前整理、準備。為了追求新的事物，花3年準備（包括整理及思考的時間在內）絕對不會太長。如果在最後一週才急急忙忙開始收拾東西，反而無法順利前往下一個起點。

既然3年後將離開這個地方已經是既定事實，那就從知道這個事實的那一刻起，一一整理身邊的物品，並思考人生下一個階段，以及自己想要怎麼活。**不是整理具有回憶的物品，而是取捨、選擇出下一階段人生所需要的東西，事先做好準備。**

在人生迎來轉變的時刻，能夠順利重開機的訣竅，在於「放眼起點，而不是放眼終點」，為此做好準備永遠不嫌太早。

隨時思考「接下來可以做什麼」

「放眼起點，而不是放眼終點而活」，有些人會問：「具體來說該怎麼做呢？」

方法之一，就是**隨時思考「接下來可以做什麼」**。

假設已經確定明天離職，就可以想像離職後的生活，思考「接下來可以做什麼」。

或者也可以思考，在現在的公司「接下來可以做什麼」。相信大多數人如果知道自己明天就要離職，應該不會思考在現在的公司「接下來可以做什麼」吧。

但這樣的思考模式，正是「放眼終點而活」的證據。隨時認為當下是起點的人，即使到了最後一天，還是會持續思考「接下來可以做什麼」。像這樣抱持「這是起點而非終點」的想法，心情就會變得積極，擁有充滿活力的人生。

山高篤行醫師是我個人十分尊敬的小兒外科醫師，醫術非常精湛。近來聽聞他四處奔波忙碌，於是在一次相遇時便詢問：「請問你最近都在忙些什麼？」

山高醫師回答我：「四處拜訪，向病患說明大學附設醫院的相關事項。」

我聽了之後大感驚訝，山高醫師再過不久就要退休離開學校，其實大可憑藉教授的身份悠閒工作。但他並非將注意力放在「終點」，而是一直思考「接下來可以做什麼」，比任何人都積極行動。

這讓我重新體會到，「接下來才是新的開始」，這樣的人生哲學多麼強大。

盡可能不要留下照片

我一直都盡可能不留下照片之類「帶有回憶的物品」。

原因就如同前面說過，「放眼起點而非終點而活」，我想要不斷追求「下一個起點」，而不是被過去困住。

我所說的「照片」，其實是泛指所有「帶有回憶的物品」，過度珍惜各式各樣帶有回憶的物品，只會被過去所束縛。並不是要你丟掉所有照片，但建議找機會做出取捨。

丟掉實體的物品，心情會明顯地暢快許多，**在實質面、精神面，都能讓人感覺鬆一口氣**，自律神經的狀態在那當下也會有所改善。

人死後什麼也不會留下。

我身為醫師，曾見過無數生命的離開，但在我心頭縈繞不去，最深刻的經驗是高中時母親的離世。母親當時只有46歲，去世後只留下了牌位，除此之外沒有任何東西。

但我覺得那樣就夠了。

有些人可能會認為這種想法太冷淡，**但每個人死後都終將是一堆白骨，什麼也帶不走**，這個終點早就已經決定好了。

正因為這樣，我才會總是追求起點，而不是放眼終點而活，這個觀念非常重要。

如果知道自己只能再活10年，就將此時此刻當成起點吧。壽命只剩2年或只剩3個月也一樣，現在便是站上起點的時刻。

不要被過去的人生困住，不要看著過去而活，而要注視著下一個起點而活。方法之一便是盡可能不要留下「實體的過去」，減輕自己的包袱，我認為這是非常重要的認知。

減少物品的訣竅
在於「所有東西總有一天都會丟掉」

區分「需要的東西」和「不需要的東西」，是整理身邊物品最基本的原則，愈是不擅長整理的人，「需要的東西」比例就愈高，最後因此留下太多東西。

我自己的想法是，「所有東西總有一天都會丟掉」。

就算現在沒有丟掉，大概也是2年後就會丟掉，差別只有早丟或晚丟而已。

過去我接受某本雜誌採訪時，曾被問到「小林醫師您有沒有什麼想要保留一輩子的東西？」但老實說，完全沒有，「一定要留到自己死去為止的東西」連一樣也沒有。

我希望你可以抱著這樣的想法，審視自己的衣櫃。

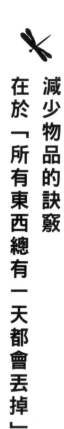

所有東西總有一天都會丟掉，只要這樣想，會發現許多東西其實是「現在就可以丟棄」，把現有的東西丟掉一半以上也無妨。有本暢銷書是《法國人只有10件衣服》，就自律神經的觀點來看，這是非常棒的生活方式。光是減少物品，讓衣櫃空間變清爽，就有照顧自律神經的效果。

「把所有東西都丟掉」的做法太不切實際，因此我建議**「挑一個最珍惜的留下來」**。手錶、包包、皮夾、鞋子、文具都挑出一樣「會好好愛惜使用」的，其他全部不要留下，會讓你的身邊清爽舒暢許多。

調理身心狀態的訣竅，就在於「沒有多餘的東西」，以及「圍繞在身邊的都是讓自己感到舒適的東西」。

減少身邊的物品，心情也會更輕鬆愉快，因為留下來的東西，都經過自己精挑細選，相信一定能讓你每天神清氣爽。若想要提升身心狀態，千萬別小看這件事。

回家後先整理1個地方再換衣服

我過去曾呼籲過無數次，將自己身邊的環境整理好，可以有效改善自律神經的狀態。

因此，常有人問我，「我總是沒辦法建立起整理的習慣，有沒有什麼好方法呢？」

的確，有些人就是無法在做完事後迅速順手完成整理。

如果你也是這種人，我會建議你務必試試看「在換衣服前整理」這個方法。

下班回家後，大多數人都會先放東西、換衣服，換上穿起來舒服的居家服，便可以悠閒地休息放鬆，或是準備晚餐。

我建議的方法則是改變這個順序，回到家後先整理再換衣服，即使只整理1個地方也無妨。像是從衣櫃中挑出要丟掉的衣服集中在一起，或是把四散各處的書放回書架上，若垃圾太多，收集起來裝袋綁好，做好隨時可以拿出去丟的準備也可以。

總之要認清，如果遵循「回到家↓換衣服↓放鬆」這個流程，適合整理的時機永遠不會到來，因此**要將流程改為「回到家↓先整理好一個地方↓換衣服↓放鬆」**。

身穿西裝之類的外出服時，我們會處在「外出模式」，這樣做的效果，就是要讓整理變成外出模式的一部分。

我已經維持這個習慣大概8年，其實感覺還滿不錯的，**只要外出模式的油還沒用完，就不會覺得整理是多辛苦的事**。

上個階段的延長

「換衣服前先進行整理」，其實是從「上個階段的延長」這個概念產生的想法。

我在前面提過許多次，自律神經一旦被打亂，這種負面循環就會持續下去，因此進行重開機十分重要，這也正是本書的主題。

因為人原本就是順應環境的生物。

「上個階段的延長」的概念，則是反向利用這項方法。

除了前一單元介紹的「先整理再換衣服」，我也建議延續這個流程，順勢確認郵件。

有用的、沒用的各種信件，常常一下就會塞滿信箱。無論在自己家中或在公司都一樣，外出回來後先整理一個地方，然後順勢確認所有收到的信件。若一看就知道連拆都不用拆，就直接丟入垃圾桶；拆開確認後若是沒用的信，一樣丟進垃圾桶。

至於有用的信則是當下就歸檔，收到架子上或抽屜裡。**若還不知道要收到哪裡，要馬上決定收納地點。**

由於近來許多企業開始控管加班時數，相信有些人因此選擇把工作帶回家做，像是確認資料、回信等，不是特別麻煩的工作。

基本上我建議這類工作，也要在回家後換衣服前先進行。

回到家放鬆，如果又要再重新進入「工作模式」，對自律神經而言是相當吃力的事。

重點在於延續前面的流程，順勢完成工作，將重開機的時機留到後面。

第 3 章

決斷、
建立準則、
堅定態度

建立準則能夠照顧好自律神經

第3章的主題是「準則」。

被問到「你的準則是什麼？」時，能回答出各種準則（或是自己的一套規矩）的人，往往能維持相對穩定的精神狀態。例如：奉行上班時「自己吃午餐」準則的人，就能平靜地以自己的步調吃飯、放鬆，因此得以顧好自律神經。

我並非在鼓吹「自己吃午餐比較好」，但相信不少人想自己吃，卻拒絕不了同事或前輩的邀約而常懊惱不已。這種人往往會糾結於「為什麼我沒能拒絕」、「午餐時間是最大的壓力來源」等問題，結果打亂自律神經。

同樣的道理也適用於其他事，與他人相處、挑選要穿的衣服、工作的執行方式等所有情境，「自己的準則」都很重要。

有了準則，就能接受自己的判斷及行為，無論最後結果如何，一個人若是能做出自己接受的決策，自律神經就不太會亂掉。

就算是令人感到退卻的午餐邀約，只要堅定「就算有人約我，也是我自己決定要不要去」等屬於自己的準則，做出來的行為雖然一樣，接受度也會大不相同。

只要遵循自己的準則，就算遇到不開心的事，也能轉換心情接受，告訴自己「是我自己的決定而導致這個結果，也是沒辦法的事。」因而選擇看開，**也會比較容易重開機**。

最不好的就是一直猶豫不決，煩惱「該怎麼做才好？」這會導致自己最終做出自己也不見得能接受的決策，並感到後悔。

只要建立自己的準則，你的自律神經就會得到壓倒性的改善。

用功能來挑選物品

我在二〇二一年出版的《自我調整的習慣》（中文版於二〇二三年出版）書中曾提到，「翻找包包的瞬間，就已經處於失調狀態」，得到出乎意料的迴響。

想要拿手機出來，卻沒有辦法馬上找到，「會不會是忘了帶？」、「是不是在哪裡弄丟了？」光是這樣的念頭，便會打亂自律神經。

許多人看了之後都深有同感。

不只是包包，所有東西我都貫徹以功能來挑選的原則，完全不理會設計感或品牌，經過反覆思量才會購買符合「對自己而言怎樣才是好用的包包」、「哪些功能可以讓自己感受不到日常的壓力」等條件的物品，這就是我的準則。無論高爾夫球袋、鞋子、文具都一樣，雖然我高爾夫球打得不怎麼樣，但對於行頭卻無比在意，這就是我的想法。

在意設計或品牌的人，其實不用做出改變，如果這樣能讓你心情愉快，相信對於提升身心狀態有很好的效果。

但如果你並沒有那麼堅持，我會建議貫徹「用功能來挑選」的方針，這樣不僅能消除日常的壓力，而且具有**汰舊換新的時期明確，買了新的以後就可以丟掉舊的**等優點。

包包如果舊了，就會無法發揮功能，或者你需要更多功能，此時便應該汰換。而且因為舊包包已經無法提供足夠的功能，丟掉時也不用感到猶豫。

這是非常簡單的思考方式。

就我的經驗而言，能提供足夠功能的物品，並不是那麼容易挑得到，但只要找到，一定會讓人想要好好珍惜使用，而且這樣的物品會是幫忙減輕壓力的好夥伴。

沒有迷惘就能減少緊張

常有人問我：「請您從自律神經專家的角度分享，緊張的時候該怎麼辦？」從自律神經的層面來分析，緊張狀態是交感神經過度活躍所造成，深呼吸、喝杯水、緩步行走等方法，都能有效照顧自律神經。

若從運動選手的狀態來說，感到迷惘時會更加緊張，因此「消除迷惘」是很重要的因應之道。

例如，打高爾夫球時球進到沙坑，接下來在沙坑這一桿便十分重要。如果處於迷惘的狀態，想著「該怎麼打才好」而揮桿，一定會打不好。心存迷惘並煩惱著「該怎麼辦？」、「會不會失敗？」等各種問題，心跳會變得更快，勢必影響表現。

關鍵在於，愈是緊張的場面，愈要先決定好「做這件事」以及「不做這件事」。

我雖然常上電視，但這與平時面對的狀況截然不同，因此當然會緊張。

所以我決定「對自己專長的領域發表意見」、「其他領域就不多談」，不會硬要講自己不懂的事；就算是偏向綜藝性質的節目，也不做超出自己角色的事。

只要像這樣決定好「做這件事」、「不做這件事」，去到攝影棚便不會感到迷惘，如此一來，頭腦也更清晰，能夠冷靜、專注地錄影。

每個人緊張的方式及程度都不相同，但往往**愈是緊張愈會看不清「自己該做的事」，一直迷惘「自己該怎麼辦」**。

首先要做的就是消除迷惘。

唯一的目標是四壞球

關於「沒有迷惘」這一點，我想分享一個特別的經驗。

我在國中時曾加入棒球隊，雖然我的學校不是知名勁旅，但也曾在埼玉縣的縣賽拿到第二名。預賽時我的學校對上某支強隊，雙方在平手的情況下僵持到最後一局，輪到我打擊時是無人出局、三壘有人，只要打出安打，我就能當英雄了，但面對這種場面很容易被緊張擊垮。

當時我心想，只要四壞球上壘就好，我不求打出安打成為英雄，只求不要出局，交給下一棒發揮，這是當時我腦中唯一的想法。

我專心想著「不要揮壞球」，球數不知不覺來到滿球數，這時已經不能再放過遊走在好球帶邊緣的球了，接下來只要覺得「可疑」的球，就得出棒破壞。於是我便專心執行這個策略，等待明顯的壞球出現。

結果我發現自己漸漸跟得到球，最後打出再見安打幫助球隊獲勝。

雖然結果很完美，但就棒球選手而言，這其實是個消極的故事。

重新回顧當時的場面，會發現我是完全沒有迷惘的。「四壞球上壘」、「滿球數時就不斷把球破壞掉，直到出現壞球」，我想的就只有這兩件事，即使場面如此緊繃，我卻不覺得緊張，類似進入無我的境界。

以棒球選手的角度來看，這絕對不是值得讚美的事，但卻是提醒我「沒有迷惘」是何等重要的一則回憶。

只要有「自己的一套準則」就夠了

如果換一個角度看我打棒球的回憶，也可以說這是一個「弱小的人」的故事。

我要是足夠強大，就不會把目標放在四壞球，而是設法打出安打成為英雄。但因為我很弱，所以腦中從頭到尾就只有消極的選項。不過，我認為這樣也很好。

大家通常認為「有準則的人」，是明確擁有自己的想法，而且勇於表現出來，其實未必如此。

照顧自律神經所需要的**「準則」，與一個人是「強大」或「弱小」無關，重點在於用自己的方式「訂出準則」。**

假設公司常常硬塞你不喜歡的工作給你，強大的人遇到這種事情，應該會明確地表示「我不想做這個」、「為什麼每次都塞給我？我無法接受」，如果能做到這樣就很好，請繼續保持下去。

但做不到的人，其實應該也有「自己的一套準則」。

像是被硬塞工作，不管什麼工作都接下來；或是就算無法接受，也不會抱怨，這些同樣是很棒的準則。雖然接下工作不會抱怨，但絕對不為此加班，建立這樣的準則或劃清界線也是一種方法。

被硬塞自己不喜歡的工作的確會帶來壓力，但常見的狀況其實是對於「不敢出聲抱怨的自己」始終無法釋懷，這種心情打亂了自律神經。

重點在於擁有「屬於自己的一套準則」，**只要決定「我要這樣做」，就能對自己釋懷許多**，只要最終結果不會打亂自律神經，我認為這樣也很好。

擁有自己的準則，就算「拍馬屁」或「陪笑」都不是問題

有些人在與他人互動時，會不經意地拍人馬屁，或者明明不覺得開心，卻還是擠出笑容陪笑。

這些行為本身並沒有什麼問題，但氣自己「拍馬屁」、「陪笑」，因而產生壓力的例子就比較複雜，相信不少人有這樣的經驗。

問題既不是拍馬屁，也不是陪笑，而是**這樣做所產生的壓力，這才是唯一的問題**。

最重要的關鍵，還是在於「自己的準則」是什麼。

如果真的覺得「不想拍馬屁」、「不想陪笑」，那就應該拿出堅強的意志停止。

但就我自己的經驗而言，這類人其實反倒透過拍馬屁、陪笑，建立了良好的人際關係，得以減少與他人互動時的摩擦。

這經常是這類人的強項、準則。

但因為當事人本身沒有認知到「自己的準則」是什麼，因此會覺得總是無法釋懷，於是對自己生氣並感受到壓力。

「我用拍馬屁、陪笑這些方式，減少與他人之間的摩擦」，建立這樣的準則、擁有這樣的認知，才是最重要的。

或許有人會對這樣的你指指點點，但只要建立自己的準則，不管別人說什麼都不重要。或許**那些喜歡對他人指指點點，反而才是原則搖擺不定、不開口說話就難受。**

建立「逃避的準則」

工作上遇到不開心的事也得忍耐，要繼續努力下去才行。

過去曾經非常流行這種思維。

近年來則出現主張「不努力也沒關係」、「逃避也無妨」的聲音，其實我也認為「逃避也沒關係」，直接面對並不是所有事情唯一的解答。

但我並不是無條件地鼓吹「逃避也無妨」、「不努力也沒關係」，就算周遭再怎麼說「逃避也沒關係」，**還是有很多人會責怪「選擇逃避的自己」，因而產生心理問題。**

我希望大家都能建立「逃避的準則」。

「逃避」本身並沒有「好」或「壞」之分，有些狀況選擇逃避比較好，但也有些時候應該發揮韌性堅持下去。

想讓身心維持在良好狀態，就要事先建立「這種時候要堅持」、「遇到這種狀況要逃避」等「自己的一套準則」。

例如，你可以將目前感受到的壓力寫在紙上，將大大小小的壓力來源一覽無遺地視覺化，接著一一確認每項壓力，**分類成「對自己而言應該忍耐的壓力」與「想要排除的壓力」**，再進一步劃出底線，像是「可以做到這個程度，但若變成某某狀況就放棄」、「可以努力到某某時候，但在這個時期前若沒改善就放棄」等。

這就是屬於你自己的準則。

雖然落在身上的壓力沒變，但「劃清自己的底線」並「建立逃避的準則」，會改變你看待壓力的態度。

「期待」會打亂自律神經

「期待」是擾亂自律神經的一大因素。

相信大家每天都很勤奮地為工作付出，雖然每個人努力的原因不同，但應該有不少人是為了「得到主管的肯定」或是「成為公司不可或缺的人才」。

這樣而努力絕對不是壞事。

但從自律神經專家的立場來看，這種「期待」經常是摧毀身心狀態的元凶。

為了得到主管或公司的肯定而努力，若如願以償當然是一樁美事。

但有時候即使已經全力付出也未必能獲得肯定，有可能是成果不如自己預期，也有可能雖然繳出漂亮成績，但因為公司裡的人際關係等，不合理的內部因素而得不到肯定。

這種時候一定會覺得「我明明那麼努力，為什麼還得不到肯定？」、「為什麼別人的評價比我好？」許多人便因此自律神經失調而出現心理問題。

遇到這種狀況時，**最重要的是思考「這裡真的是值得我繼續努力下去的地方嗎？」**有時在經過深思後，做出「不應該為了得到肯定而在這裡撐下去」的判斷也是有必要的。

每個人都有適合、不適合做的事，也可能因為外在環境而得到肯定或得不到肯定。另外，有沒有機會大顯身手，也得看時機或運氣。

身為組織的一份子，有時恐怕得面對不合理或難以讓人接受的人事安排，但**只要能對此做出「判斷」，放掉「期待」，就可以讓心情重開機。**

成為「被他人需要」的人

人可以分成「追求目標的人」與「被他人需要的人」。

追求目標的人會有「想從事這類工作」、「想扮演這樣的角色」、「想爬到某某位子」、「想獲得肯定」等想法。

這些想法能夠提供動力，因此我並沒有否定的意思。

但仔細觀察身邊你會發現，總是能發揮出色狀態做好工作，或是真正得到肯定、締造佳績的人，都是「被他人需要的人」。比起誇口「我要最先當上部長！」，受到眾人推崇「真希望是由他來當部長」，才真正有實力，能夠做出一番成績的人。

重點在於知道「哪裡需要自己」。

需要你的地方，或許不是公司的高階職務，也不是重要的大案子，而是社區互助會的活動，也或許是當一個稱職的父親或母親，養育自己的孩子。

由於我長期在大學附設醫院服務，曾看過各種「追求目標的人」與「被他人需要的人」，而身心狀態出問題、活得最辛苦的，永遠是在自己不被需要的領域拚命追求目標的人。

身心穩定，能夠以最佳狀態開心過日子，都是活在「需要自己的領域」的人。

不是只有職場這類「賺得了錢的領域」才適合一展長才，我反倒覺得，不帶這種偏見，坦誠地專注於「真正需要自己的地方」，並在那裡發揮自己能力，才是最幸福的。

找出最重要的1個地方修正就好

我時常擔任運動員的狀態顧問，因此有許多機會觀看運動員訓練。

教練在訓練時會給各式各樣的建議，但**愈是一流的教練愈不會講太多**。

給選手建議時，只針對1個地方修正，我認為採取這種方式指導的教練最厲害。

從自律神經的觀點來看，想提升訓練效果需要專注力，而最會妨礙專注的就是「迷惘」。心中有迷惘，一定會被思考或意識牽著走，無法專注。

換句話說，若教練一次講很多件事，選手會無法專心訓練。高爾夫球的揮桿就是最典型的例子，如果頭的位置、握桿、手臂的揮動、腰的轉動等，各種地方都被要求修正，一定會揮得比原本還要差。

無論是棒球、高爾夫球或任何運動都一樣，一流的教練都能找出「只要改善這裡，表現就會變好」，只針對1個重點要求選手修正，知道如何判斷出唯一的修正重點，是難能可貴的傑出能力。

這可以應用在日常生活，若想要改正某件事情，或想要提升個人能力，不妨用這樣的觀點來思考，「如果只挑1個重點，該選什麼？」

例如，指導新進同事做簡報，有些人或許會給出「視線調整一下比較好」、「注意說話速度」、「姿勢要端正」、「想強調的地方要稍微停頓一下」等各種建議，但這樣反而會讓接受指導的人更為混亂，找不到步調。

優秀的指導者會找出「修正這裡最有效」，**從醫學觀點來看，這種方法明顯更容易獲得成效。**

「準則」需要花時間建立

過去我擔任外科醫師，看到病患在我進行手術後恢復健康，會覺得很有成就感。後來有段時期，我花了許多時間及心力在學校指導學生，現在則是寫書、演講，於媒體露面的時間變多了。

無論在哪個領域、從事哪種活動，我都當作醫療來看待。

我認為，以外科醫師身份為眼前的病患看診是醫療，培育下一個世代的醫師，透過寫書將健康知識傳遞給數萬乃至於數十萬人，同樣也是醫療。

無論在哪個領域都不是簡單的事，一面當醫生、一面利用空檔寫書，想要同時都兼顧並不容易。

我的第一本書《なぜ、「これ」は健康にいいのか？》是在剛發生311東日本大震災不久的二〇一一年四月出版。

自此以來的10多年，我進行各種研究，每天不斷思考、與人討論、實際面對眾多病患，我該向社會大眾傳達什麼？要怎麼做才容易傳達、大家才容易實踐？**因為有如此長時間的累積，我才逐漸建立「這些都是醫療行為」，亦成為屬於我自己的準則。**

我在本書中一再說明「準則的重要性」，只要建立明確的準則就不會迷惘，也有助於改善自律神經，這是無庸置疑的。

當然，「建立準則」並不是嘴巴說說那麼容易，需要時間的累積。因此，在每天的生活中，持續思考「自己的準則是什麼」、「想把什麼當成準則」更加重要。

「建立準則」意味著捨棄某些事物

思考如何建立自己的準則，很重要的觀念是「捨棄」，「建立準則」代表「捨棄準則以外的東事物。

用簡單的例子說明，我在前面提過自己是「用功能來挑選物品」，這就代表我捨棄外觀及設計。

另外，我在學校指導學生的那段時期，走在校園裡常有許多學生跟我打招呼，讓我十分開心。我只是個普通人，也會因為這種自己好像很受歡迎的感覺而飄飄然。

但當我從第一線退下之後，就沒有學生認識我，也沒有人會來跟我打招呼了，我當然會因此感到落寞。

但只要思考在自己的人生中，什麼才是重要的，要奉行什麼準則而活，就會自然而然找到自己該做的事，並且把心情整理好。

我已經決定，自己現在的重心並不是指導學生，而是其他事情。像這樣確定「自己的準則」，可以讓**內心變得不再容易動搖，並對自己在做的事抱持信心**。

如此一來也就不會打亂自律神經，能夠以良好的心理狀態度過每一天。

假設你想努力拚事業，但也想學習新領域的知識；或是你想要把握和朋友相處的時光，但也不願疏於和家人互動。

相信很多人都有這樣的煩惱，人生中有很多重要的事，但**想要全部兼顧，到頭來往往會演變成「無法把握住最重要的」**。

建立準則，其實也等於是鼓起勇氣做出取捨。

邊嘗試邊尋找「適合自己的方法」

運動員每天都要進行各種訓練，愈是一流的運動員，愈要謹慎選擇「適合自己的訓練方式」。

「努力」這兩個字說來簡單，但其實**努力有無限多種方法，效果也會因為選擇不同的方法而有所改變**。

這也和人生很相似，無論是念書、工作，或本書所介紹的重開機妙方，每個人「適合的方法」都不相同。

本書介紹99招幫助你重開機的方法（各式各樣的關鍵知識及觀念），但並不是要你從第1

條開始全部照做。

我希望大家抱持著多方嘗試的意識，並找出最適合自己的方法。

也許早上散步符合某些人的生活型態，但也有可能對某些人而言是壓力。若是這樣不用特地早起去散步，只要上班時提早5分鐘出門，稍微繞點遠路走去車站就好。

如果做不到「用功能挑選物品」，只要工作時使用的文具貫徹「功能性優先」的準則就足夠。

希望大家可以參考我提出的99則重開機妙招，多方嘗試，找出適合自己的方法。

每個人生來都是不一樣的，甚至是個性都不相同，根據不同的生活環境、職場的人際關係、扮演的角色或立場等，所有層面都有所相異。如果方法不適合自己，不僅不容易有成效，甚至可能造成痛苦、帶來過大的負擔，反而壓垮身心狀態。

「找出適合自己的方法」，也是非常重要的準則。

懂得如何獨處

要怎麼區分哪種聚餐或應酬要參加，而哪種不用參加呢？

就我自己而言，我將「和對方聊天是否能讓我成長進步」當成重要的準則。與在各個領域有傑出表現的人聊天，是有吸引力的，聊天過程中也能得到各種啟發。

或許是我比較不近人情，所以會覺得：「如果得不到收穫，一起吃飯也沒意義。」

曾有人聽到我這樣說之後問我：「小林醫師您都沒有一起玩樂的朋友嗎？」老實說，我還真的沒有那樣的朋友。

當然，我還是會和別人去打高爾夫球、和舊識一起喝酒，但並沒有會定期出去玩、促膝長談之類的密友。我從以前開始便幾乎不曾和同事喝酒，疫情期間就更不用說了。

或許有人會覺得「無法想像沒有朋友這種事」，但世界上像這樣「一名密友也沒有」的人絕對不在少數。我認為，如果這是自己的準則，那就沒有必要勉強去交朋友，或是加入什麼社群。

和朋友度過開心的時光固然很好，但「懂得如何獨處」這個想法也很重要。**就算聽到有人說自己沒有朋友，也完全不需要擔心**，如果對方還是可以活得快樂、身心狀態良好，就是「懂得如何獨處」最好的證據。

了解自己的器量

每個人都有自己的「器量」。

器量大的人個性不拘小節，較不會不耐煩，不是太嚴重的事都能心平氣和看待，情緒幾乎不會繃到極限。

器量小的人會因為小事煩躁，遇到壓力就會影響心情，覺得煩惱不已或忍不住發洩情緒，「無法容忍別人的疏失」或許也是因為器量較小所致。

看了以上這些敘述，你可能會覺得「器量大的人比較好，器量小的人比較差」，但這並不是我透過醫師身份想要傳達的訊息。

我在這裡要談的不是「鼓勵大家成為器量大的人」，而是照顧好自律神經，成為能夠維持良好狀態的人。

重點不在於器量的大小。

最重要的是，了解自己的器量有多大。

我其實是個器量小的人，過去無法容忍別人的疏失，也經常嚴厲斥責他人或大聲責罵別人。

但當我意識到原來自己的器量很小，透過「決定不要生氣」、「心情靜不下來時就先去整理」、「慢慢深呼吸」等適合自己的調整方式，漸漸變得能夠控制情緒。

也多虧如此，我的身心才得以維持在良好的狀態。

不需要想方設法成為器量大的人，重點在於**了解自己的器量大小，並決定該如何因應調整。**

第 4 章

讓「面對自己的心態」重開機

會思考「如何面對自己」的人其實很少

「面對自己的心態」是調整、提升狀態不可忽視的重點。

當你心情低落，是否想過要如何面對這樣的自己？絕大多數的人都不會特地思考這件事，就只是意志消沉，讓心情跌落低谷。

這正是「陷入負面循環」的狀態。

本章便是要提醒你，在各種情境及狀況下，該「如何面對自己」。

例如，先想好自己心情低落時「該如何面對自己、該做哪些事」，便可以斬斷負面循環，順利重開機。

人生中有各種意想不到的狀況，可能是公司把你調到不喜歡的職務，或者遭受突如其來的打擊、掉進絕望的深淵。

這些事情都會打亂自律神經，自律神經一旦亂掉，情緒就會失去控制，思考能力與判斷力也會下降，最後導致情況更加惡化。

此時應該思考「面對自己該有的心態」。

先建立好面對自己該有的心態，以及遇到狀況的因應方法，就能知道「我該這樣做」、「要這樣想才會對自律神經有幫助」，進而改變負面循環。

另外，**了解如何面對自己，還能避免浪費時間**。

減少毫無作為而平白流逝的時間，或是花在猶豫不決的時間，更容易順利重開機，踏出下一步。想讓自己的人生過得有意義，一定要把握機會重新思考「如何面對自己」。

留心所有「微小的成就感」

「三不五時重開機」對於調理自律神經、常保良好狀態非常有效。

不僅針對發生不好的事情，當完成某件事情也一樣適用，提醒自己「好好地感受成就感，為這個階段畫下完美的句點」會很有幫助。

「完成某件事情」可能會讓人想像「重要的工作圓滿達成」、「通過困難的考試」等意氣風發的時刻，但我想說的是更小的成就感，可以是「擦亮了明天要穿的皮鞋」，也可以是「丟掉了用不到的文件」，**平常都是搭電扶梯，今天選擇走樓梯，這也是一種微小的成就感**，平時吃的藥或保健品今天都有記得服用也ＯＫ。

希望大家都能像這樣肯定「自己達成的小事」，並且去品味每次達成時帶來的成就感，自然而然擁有積極的心態，並從那個當下開始讓身體狀態朝著好的方向前進。

感受微小成就感的同時，也為這個階段畫下句點，慢慢地深呼吸，並伸展一下身體的某個部位，對自律神經而言再完美不過。

每天忙著做家事的人，可以將摺衣服視為微小的成就感，接著再去換廁所的衛生紙等，用成就感為每個階段畫下句點。

工作時如果已經「專注工作30分鐘」，也可以先好好地感受一下成就感。

像這樣持續進行微小的重開機，肯定自己所做的事，無論在心情上，或是從身心狀態的觀點來看，都對身體有所幫助。

對自律神經而言，最不好的就是懶散毫無作為的狀態。無論做什麼事或從事哪種活動，都要經常提醒自己感受「微小的成就感」，不要只是不用心地交差了事。

面對「不開心的事」要記得「做出結論」與「不要再多想」

我們每天在工作或生活中都會遇到各種「不開心的事」。

相信許多人會因為和主管想法不同在工作上備感壓力，或與家人之間有爭執摩擦，也可能是為了團體或社群中的人際關係而感到煩惱。

有的人則因為對於自己的工作提不起勁，總覺得工作的重擔快要壓垮自己。

「雖然不喜歡，卻放著不管」對自律神經而言是非常不好的事。

從你覺得反感的那一刻起，自律神經就已經亂掉了，造成血液循環變差、身體狀況惡化，情緒也處於不穩定的狀態。

此時最重要的是先好好面對問題、做出結論，就算只是「先應付一下」也無妨。這個結論不需要提供根本的解決之道，大概是「只要決定出自己的方針就好」的感覺。

像是「我不要再討好老闆了」、「信件一天只回覆一次」、「這個問題下週一再處理」、「看到討厭的訊息就已讀不回」、「工作就是工作，不要反駁乖乖照辦就好」等等。

若問題丟著不管，只會讓心情一直受影響，自律神經繼續混亂下去。所以要在心裡做出結論：「反正就先這樣做！」一旦做出結論，就不要再繼續想下去，請提醒自己做到這一點。

若沒有做出結論，決定該怎麼做，心裡會一直有個疙瘩，**但只要有了「我已經做出結論」的感覺，心情就可以暫時重開機**，自律神經也得以重整。

順應環境而活

每天都悶悶不樂地過日子，是最會造成自律神經失調的生活型態。相信有人應該非常討厭現在的工作，滿腦子都是「希望可以調部門」、「想要換工作」等念頭，也或許有人一點也不喜歡自己所在的部門。

遇到這種情況，若有辦法狠下心決定辭去工作，不妨放膽去做，走出屬於自己的路。但這種事並不是每個人都能做到。因此最重要的關鍵在於「順應環境而活」。

許多人都以為我是醫生，應該過得一帆風順，但其實完全不是這樣，我的醫師生涯反而充滿了挫折。

我原本是小兒外科醫師，希望在這個領域獲得成就，志向是從事研究。但當我遇到遠比我優秀的醫師後深感挫折，覺得這完全不是我有辦法一直鑽研下去的領域。後來我轉換跑道改走醫療訴訟，這是一門許多醫師較不注重的領域。

我一面從事這方面的工作，一面更加認真地研究自己成為醫師以後便一直關注的「自律神經」領域，因此得以擁有現在的舞台。**這就像是自己的希望不斷落空、落空、落空之後，才有了現在。**

在充滿挫折的醫師生涯中，我逐漸意識到要順應環境而活，但不是擺爛，而是要在自己的位置上發光發熱。每個人的人生都充滿不如預期的事，經常得面對不喜歡的狀況。這種時候不要悶悶不樂地過日子，應該果斷地讓心情重開機，改變想法順應環境，放眼未來而活。

這種將身段放軟的人生哲學，應該也蠻不錯的吧。

無論多艱辛的事都能找出「1%的希望」

我在大學畢業前，曾經因為腿受重傷而住院。

對學生而言，由於工作已經找好了，許多人都會去畢業旅行，應該是最開心的時期，但我卻在這個時候住院，我因此不停咒罵自己。

但現在回頭看，無論是身為醫師，或身為一個人，住院那段時間帶給我寶貴的經驗。

隔壁床的病患是一名年齡和我差不多，罹患骨肉瘤的男性，他對於自己的病情並不是那麼清楚，但我知道他已經來日無多了。

他在不久後就去世了，但住院期間我們每晚都會聊天，我每天晚上都聽他談自己的童年、過往的人生。令我印象深刻的是，儘管病情嚴重，但他表現出來的態度還是很積極樂觀，或許是因為年輕，所以對未來抱持著希望吧。

雖然這只是我人生中的一小段時間，但和他相處的日子讓我學會許多事。

當醫生一定會面對各種令人感到絕望的狀況，但我提醒自己，就算是這種時候，也要盡可能找出積極正面的事，像是「這裡的數字變好了」、「臉色比昨天好很多喔」，帶給病患勇氣，使用可以鼓勵病患樂觀向前的方式說話。

因為我認為，就算知道自己只剩幾個月可以活，絕望地過完這段日子，或是帶著一絲希望過完這段日子，感受完全不同。**即使來到人生最後一天，也不要放眼終點而活，今天仍有可以做到的事情**，我對此深信不疑。

將當下視為「中途點」就能看見希望

許多人退休之後都突然間就失去活力，身體狀況也急轉直下，這是因為將退休視為「終點」，心情整個鬆懈下來。

我在這本書裡一再提起「要放眼起點，而不是放眼終點而活」，換種說法就等於是「把當下視為中途點而活」。

大多數歐美人都將宗教視為心靈寄託，為何宗教能成為心靈的寄託？因為宗教並未將死亡視為終點，宗教往往講述死後的世界，死亡不過是中途點，死後仍有未來。懷抱著這樣的想法，直到臨死前都還能帶著對未來的希望而活。

我並不是要談論死後的世界，但我認為每一個瞬間都是中途點，**思考接下來要做什麼，雀躍地期待未來而活**非常重要。據說曾擔任東京都知事的作家石原慎太郎，到死前最後一刻都還在寫小說，代表他總是想著要寫新作品，想像著未來，抱持希望而活。

我想他應該很清楚「自己的日子不多了」，畢竟，最了解自己的人終究還是自己。但是「只在意終點，意志消沉地活著」，或是「永遠把當下視為中途點，放眼未來而活」，本質上有很大的區別。

無論面臨什麼狀況，都能從當下的瞬間描繪出未來的願景，或許就是**活出積極正向的人生，最重要的「重開機」心態**。

不要與「過去的自己」比較

我們不可能永遠都處於最佳狀態，這雖然是目標，但身體有生理節律，日常生活中的壓力也可能影響到心理健康。

所以我們才需要重開機，斬斷負面循環，創造正面循環，懂得重開機的人，不會被過去困住。

就算工作上遇到不開心的事，也能在當天晚上整理好思緒及情緒，隔天早上開始「新的一天」，這類的人可以說是重開機達人。

人生其實也一樣。

老是在看自己年輕時的照片、緬懷過去的自己，認為「那時候真好」、「當時的自己比現在要好」，是無法順利斬斷負面循環的。

「青春」是如此閃亮，因此每個人回顧過去，都會覺得耀眼奪目。但愈是被過去困住，愈沒有活在當下的踏實感，反而容易老去。參加同學會和大家一起回憶當年往事當然很好，但如果陷入過往之中而無法自拔，就不免讓人感覺有些落寞及悲哀。年輕的時光已經是過去，過去就應該留在過去。

新的人生是從現在開始，和過去的自己比較沒有任何意義，能常保青春的人是放眼「新的開始」而活。

你有什麼「未來想做的事」或「想去的地方」嗎？

就算只有一點點的想像也好，要不要試著現在開始去實踐呢？隨時幫人生重開機，會讓每一天過得更加充實。

心情愈是低落，愈不要浪費時間

每個人都會有心情低落的時候。

常有人問我：「小林醫師您也會心情低落嗎？」我總是回答：「常常都會啊。」其實我很常心情低落，因為意志消沉而拿不出幹勁更是家常便飯。

但我總是會想，「愈是心情低落，愈不能浪費時間」，這裡說的**「浪費時間」是指「什麼也不做」**。

人在心情低落時，往往會放空自己，不停地煩惱、糾結造成自己心情低落的原因，提不起勁做任何事，茫然地放空。

以自律神經的觀點來看，這是最糟糕的。

對自律神經而言，「環境」非常重要。現在你正處於「心情低落的環境」，如果在茫然放空的狀態中浪費時間，這種環境肯定會一直持續下去。

此時最重要的是即是重開機的意識，具體來說就是「動起來」。

讓身體動起來是最好的方法，因此遇到「好討厭的感覺喔……」、「為什麼我會說出那種話？」、「為什麼會那麼不順？」等令你心情低落的狀況，去散步就對了。**實際活動身體可以讓交感神經活躍運作，改善血液循環，心情也會好轉**。心情是身體製造出來的反應，因此活動身體終究是最好的方法。如果當下不適合活動身體，聽音樂也很不錯，就算是逼自己聽也好，建議無論如何都要試著聽聽看。

散步、聽音樂可以說是心理健康的指標，若能做到這些事就代表還沒有問題。如果心情真的低落到連這些事都做不到，最好盡快找專家諮詢。

所有動作都「慢慢來」

人在煩躁或不耐煩時，動作會逐漸變快、變亂。

在辦公室裡觀察一下周圍的人便一目瞭然，感到煩躁的人通常會打鍵盤打得特別快，或是敲下Enter鍵時特別大聲。不只是這樣，從外面回公司時，愈是忙碌的人愈會隨手把東西往自己桌上丟，或是用力坐到椅子上。

這毫無疑問是自律神經混亂的狀態。

自律神經混亂是每個人都會發生的事，這是難以避免的。問題在於，人的動作在此時不必要地變快、變粗魯，**會進一步打亂自律神經的平衡，惡化身心狀態**。

愈是覺得煩燥、忙碌，愈要放慢所有動作。

請提醒自己，動作要**放慢、放輕到近乎極端的程度**。

例如，去廁所洗手時，忙碌的人都是匆忙地洗手、隨便用手帕擦乾，仔細觀察會發現，大多是無意識間做出的行為。但這種時候，其實應該要用洗手乳慢慢地、仔細地洗乾淨，洗完後先確實甩掉手上的水，並使用手帕擦乾，再將手帕重新摺整齊收進口袋。

提醒自己「放慢、放輕」，就能確實照顧到自律神經。

不只是工作，只要覺得自己好像有點心浮氣躁，就試著放慢走路速度，或一階一階地慢慢地上下樓梯。就算是脫下外套掛到衣架這樣一個簡單的動作，「慢慢來」一樣也很重要，請試著放輕動作，將外套掛到衣架上、收進衣櫃。

只要記得放慢、放輕動作，無論生理、心理方面都能夠重開機。

一天空出1小時「自由時間」

我非常推薦使用一天空出1小時的「自由時間」，作為時間管理的訣竅。

現在愈來愈多會議時間都控制在30分鐘，線上會議也變成司空見慣的事，因此每個人的行程都比過去更緊湊。

以提升時間效率而言，這樣當然很好。

可是**一旦出了問題，往往很難補救**。每天都能按照計畫處理工作，沒有任何問題當然最理想，但現實生活中不可能有這種事。會議可能會拖得比原本預計更久，自己的工作進度也可能無法按時完成。

因為這些狀況，我們會愈來愈心急，下個行程已經安排好了，如果受影響，連下下個行程也難逃影響。

連鎖效應固然是大問題，當面臨這些狀況，我們一定會產生「啊，該怎麼辦？」、「沒辦法做原本打算處理的工作了……」、「排在傍晚要開的會絕對不能耽誤到……」等各種想法，這種狀態最會打亂自律神經。

「自由時間」則可以提供解決之道，一天只要有1小時的「自由時間」，就能用來補救行程拖延造成的影響。在出狀況的當下，立刻想到「可以用自由時間來補救」非常重要，這樣做有助於專注在眼前的工作。

我建議**將自由時間設定在傍晚4點～5點左右**，這個時間可以用來補救前面發生的問題；若沒有狀況要補救，則可以用來整理自己，或讓自己緩和下來，在一天的尾聲好好重開機。

若「什麼都不想做」就先「站起來」再說

放假時癱在家裡一整天什麼也不做，相信有不少人都是這樣。

從自律神經的觀點來看，其實不建議這樣做。大家可能會以為癱在那邊什麼也不做，可以讓身心得到休息，但這樣不僅無法消除疲勞，甚至有可能感覺更累。

就人體構造而言，一動也不動血液循環會變差，若血液循環不良，就不可能消除疲勞、恢復元氣。

如果想讓身心狀態重開機，動起來反而是最重要的。

看到我這樣寫，或許會有人覺得「可是我什麼都不想做啊」，若你剛好也是這樣想，請先站起來再說吧。

「什麼都不想做」的人，毫無例外都是整天坐著或躺著，在這種狀態下永遠不可能有辦法動起來。

解決之道就是先「站起來」。

一直坐著煩惱「該怎麼辦呢？」、「要整理嗎？」、「還是要去散步呢？」幾乎不會付諸行動。所以先站起來，**請在站著的狀態思考「要做什麼」**。

這個方法簡單到不可思議，光是從躺著、坐著的狀態，變成站著，就能改善血液循環，而且只要站起來，就有辦法動起來，像是去整理廚房或整理書架。

許多人搭飛機或新幹線時，都會選擇發呆放空，但這樣反而會感覺更疲勞。先決定好「搭交通工具時要做什麼」，才能夠維持良好狀態。

搭交通工具移動時若覺得很累，不妨先站起來去洗手間，小動作就能幫助你重開機。

晚上8點以後不看手機

手機是現代生活不可或缺的一部分，大多數人一天中大概都會花好幾個小時，看手機畫面好幾十次吧。

由於工作的事情都得靠手機聯絡，因此「不看手機」是不切實際的，我自己也是沒有手機的話，工作和生活都會出問題。

最不好的手機使用習慣，是一直滑手機滑到深夜。

長時間盯著手機螢幕會造成眼睛疲勞，**大腦對手機上的資訊產生反應也會造成交感神經活躍**，如此一來會無法順利切換到晚上的休息模式，進而影響睡眠品質。

其實我白天時經常看手機，出於工作需要因此無法避免，但回到家後就完全不看。我的原則是手機設定成只有來電鈴聲會響，以便接聽緊急聯絡的電話，**其他所有東西都留到隔天**。

事實上，如果真有什麼緊急的事情，對方傳了簡訊或ＬＩＮＥ後沒得到回應，就會打電話過來。社群媒體或網路新聞不會有「現在一定要看」的內容，但現代人卻總忍不住一直滑手機。

這幾乎已經是成癮了，如果因此拖垮身心狀態，沒有比這更令人惋惜的事。

另外，一直在手機上和別人聊天對話，到了一天的尾聲時會無法好好重開機。

最理想的做法是「回家後就不看手機」，如果覺得難以做到，建議訂出「晚上８點以後不看手機」之類的規則，**這會讓生活節奏出現明顯的轉變**。

運用「壓力分類法」整理思緒與心情

我經常推薦「在紙上寫下來」的方式面對壓力，因為壓力變大，一直停留在心裡，我們就會左思右想為此糾結。關鍵在於**「不要讓壓力變成怪獸」**。

寫在紙上多少可以整理思緒，幫助心情穩定，至少能阻止壓力「變成怪獸」，這樣做就已經更夠產生效果，但建議更進一步將寫在紙上的壓力分成4個等級。

- **非常巨大，一直帶來心理負擔的壓力是「等級4」。**
- **算得上大，而且無法忽視的壓力是「等級3」。**

・雖然會在意，但還不算負擔的壓力是「等級2」。

・不構成傷害，只是讓人有點鬱悶的壓力是「等級1」。

建議大家務必將寫出來的壓力區分出等級，不用想太多，依直覺來分即可。

如此一來，思緒會得到更深層的整理。

例如，等級1或等級2的壓力一直在腦袋裡打轉，會造成自律神經失調，但寫出來區分等級後，會發現其實並沒有那麼嚴重，能讓人更清楚該如何看待這些壓力。

壓力並不是「已經發生的事實」所引起，而是「對於既成事實做出的反應」而造成，壓力是在自己內心一步步化身為怪獸的。

反過來說，當產生「原來沒什麼大不了嘛」的想法，就代表這件事不再是壓力。

透過「尋找9種解方」減輕壓力

用「壓力分類法」分出4個等級，還有另一項重要的效果，那就是「可以看出該面對哪一項壓力」。

若只是在頭腦裡思考，我們很難好好比較每一項因素。寫出來比較、分類，就能讓自己的心重新認知，對自己而言哪件事情是巨大的壓力。

透過這樣的方式理解「該面對的壓力是什麼」、「帶給自己最多困擾的壓力是什麼」，就已經是很大的進步。

就算狀況沒有任何改變，只要能弄清楚自己究竟是受到什麼樣的壓力折磨，心情就會

得到整理。以客觀角度看待自身壓力的階段，自律神經會明顯有所改善。

接下來則要寫出3條你想到的「解決壓力的方法」，不需要深思熟慮，腦袋中冒出來的即可。

寫出來以後請務必一條一條執行看看，不要抱著雄心壯志，只想用一種方法就把壓力變不見，重點在於以平常心看待，逐條嘗試每種方法。

如果這樣做還是無法消除壓力，就再想3條方法，然後逐一執行。若還是不行緩解壓力，就繼續再想3條方法並執行。

像這樣經歷「尋找9種解方」的過程，一定會發生變化。至於解決不了的壓力，則成為「無能為力的事」。

但這樣也很好，只要能認清「這是我無能為力的事」，心情就已經獲得整理，**比起實際上是否能解決，你的心情產生變化，才是最重要的。**

第5章

讓「面對工作的心態」重開機

不要放任狀態往下墜

第5章要談的是如何在工作上照顧好自律神經，改善身心狀態。

「重開機」也是提升工作表現的重要關鍵。

舉例來說，每個人都會有精神難以專注的時候，遇到這種狀況，就算再怎麼努力拿出幹勁，效果也有限，也有可能直接覺得「看來今天不行了……」，一整天毫無作為。

但只要知道如何讓自律神經重開機，就能擺脫不佳的狀態，創造出正面循環。

其中一個重點是「工作時間的劃分方式」，光是改變這一點，專注力就會大不相同。

大部分人可能都不會刻意劃分時間，就只是順其自然地工作，累了就休息一下，於是會有「今天感覺還不錯」、「今天不太能集中精神」之類的狀況。這樣其實無法穩定顧好自律神經，維持良好的身心狀態，只是順應著當天的狀態工作。但只要根據狀態好壞，調整時間的劃分方式，或稍微改變一下早上的習慣，其實就有辦法在良好的狀態下進入工作模式。

主動進行重開機，可以讓狀態良好的時間更多，不要被當天的狀態帶著走，自己主動調整狀態，如此一來就能穩定發揮好表現，**這正是一流運動員調整狀態的核心觀念。**

不僅時間管理，第5章還會介紹如何建立良好環境、揪出工作流程中的問題點等各式各樣的方法。

早上在家做一項「20分鐘就能完成的工作」

我非常推薦藉由「早上在家完成一項工作」的方式，建立起一天的工作節奏。

每天工作最麻煩的就是「該如何開始」，相信每個人都有這樣的經驗。我常聽到有人表示**感覺對了就可以做得很順，可是不知道怎樣才能順利踏出第一步**。

早上從離開家，到抵達公司開始工作為止，其實有很多地方都會讓人感受到小小的壓力。像是擠滿人的電車讓人覺得不舒服、不小心淋到雨、天氣太熱而流一身汗等，有各式各樣的負面因素。

在這種狀況下開始工作，很難創造出正面循環。如果先在家完成一項工作，由於是在熟悉、安定的環境中進行，因此可以照著自己的步調來。

重點在於，選擇20分鐘左右就能完成的工作。

畢竟早上本來就不可能有太多時間，而且早上在家工作的目的，只是為了順利進入工作模式，創造正面循環。

我自己會稍微檢查一下稿子，或是確認當天開會的資料，如此一來，頭腦在通勤時就已經開好機，處於工作模式，到辦公室以後可以明確知道「要做什麼」、「從哪裡做起」。

還有一件有趣的事情，**當思緒一旦進入「工作模式」，就會變得沒那麼在意通勤途中的各種狀況，不至於形成壓力。**

「如何進入工作模式」決定了一天的工作狀態。

正因為如此，在自己可以控制的範圍內開始一天的工作，是非常有效的方法。

討厭的工作更應該決定好要在何時做

每個人都會遇到「討厭的工作」，以及「令人鬱悶的任務」。

我們往往習慣把這種工作擺到後面，能拖就拖，但就自律神經的觀點而言，「拖延」完全沒有好處。

首先，一直在意「還有工作沒做……」這件事本身就已經是壓力，會打亂自律神經，也會影響到處理其他工作的專注力，尤其當「不想做的工作」演變為「必須做，但拖著沒做」的狀態，又形成雙重壓力。

因此決定「這項工作要在○○時候做」非常重要，例如下決定要在星期二早上著手處理這項工作。

這樣做有兩個意義，首先，只要決定了「星期二早上開始處理」，就能夠擺脫「必須做，但拖著沒做」的詛咒，星期二早上以前可以完全不用再想這件事，如此一來就消除了一項壓力。

而且人的意識很有趣，想著「必須找時間做」，常會遲遲無法動手，但只要決定「要在這時候做」，就有辦法面對討厭的工作。

工作本身雖然也是負擔，但其實「懸而未決」、「必須做卻還沒做」更會製造不安及擔心，結果打亂自律神經。

從決定「要在這時候做」的那刻起，心情就會鎮定下來，光是這樣便能將自律神經調理好。既然已經做出決定，就不會再有「該怎麼辦？」、「要不要做？」、「好像非做不可……」等迷惘，身體狀態也會因此變好。若身體狀態好，討厭的工作也沒那麼可怕。

做「120％的準備」

外科的世界流傳著一句話：「準備決定一切。」普通的外科醫生會做70％的準備，一流的外科醫生會做100％的準備，至於超一流的外科醫生則會做「120％的準備」。

什麼是120％的準備？

說得極端一點，就是**「徹底排除一切意想不到的狀況」**。

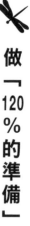

舉例來說，如果要請公司的訪客喝茶，會從冰箱裡拿出寶特瓶裝的茶倒進玻璃杯，然後端給訪客。

實際執行前要先預想這個流程，準備好必要的東西，像是茶夠不夠、杯子有沒有洗乾淨等，做足確認才算是100％的準備。

但如果是一流外科醫生，會連「杯子有沒有裂縫？」、「萬一杯子不夠，有沒有備用的？」等問題也預想到，並事先排除，這就是「120％」的準備。

可能會有人認為「這樣想下去根本沒完沒了」，的確是如此，但正因為能夠徹底排除意想不到的狀況到這種程度，所以才會成為超一流。

話說回來，為什麼超一流的人要準備到這種程度呢？

答案是為了不要在當下失去冷靜，**為了避免站在第一線時自律神經被打亂，影響到表現。**超一流的人經常得到「總是處變不驚」、「能冷靜做出精準判斷」等的評價。

但其實每個人遇到意想不到的狀況，自律神經都會被打亂，**超一流絕對不是指「永遠不會失去冷靜」，而是永遠為此做足準備。**

出錯時要檢討自己的「流程」

每個人都會犯錯。

和客戶開重要的會議時，把要用到的文件給忘了；沒有仔細檢查，就把內容有重大錯誤的資料寄出去等，每個人或多或少都會出錯。

這種時候最重要的是「檢討流程」。

本書一再強調，人是「很懂得順應環境」的生物。

無論工作或任何事，只要建立良好的流程，做起來就很輕鬆順利。

如果已經建立一套屬於自己的「準備流程」或「工作流程」，就算心想「要小心注意

不要出錯」，也會因為已經習慣原本的流程，而又犯相同的錯誤。

用比較特殊的例子說明，許多詐騙網站就是利用「習慣照著熟悉流程」的習性而得手，常見的手法是詐騙集團寄送電子郵件，誘使收件人點選郵件裡面的連結，進而連到以假亂真的詐騙網站，詐騙集團即是利用「點選郵件裡面的連結」的行為習慣，而光是提醒「要小心」是無法防範的。

重點在於「檢討流程」。

例如，將流程改為「不要直接點選郵件裡的連結，一定要先在搜尋網站搜尋，確認有沒有問題」。

工作的流程也一樣，萬一出錯了，「檢討流程」是最重要的事。要建立怎樣的流程才能避免有東西忘記？要建立怎樣的流程才能找出資料裡的錯誤？

發生錯誤時，要做的不是告訴自己「要小心」，而是檢討「流程」。

不要抓著「過去的角色」不放

以前我曾遇過一位病患。

他是一位年紀輕輕便事業有成的生意人，但心理狀況出了問題，處在憂鬱症的狀態。仔細詢問後他告訴我：「就算沒有我，公司也能照常運作，讓我覺得壓力很大。」在公司成立之初，如果沒有他就做不了任何決定，什麼事都無法進行。他在這種狀況下每天忙得不可開交，後來終於漸漸獲得成功。

因此他一直認為「這間公司不能沒有我」。

但近來公司事業穩定下來，經營也上軌道，不再是少了他就運作不下去的狀況了。

這個事實令他心情沮喪，陷入了憂鬱。

不只是他，**許多人都曾因為「自己的存在感」或「自己的重要性」不一樣而感到失落、憂鬱。**

但無論是公司或任何地方，環境永遠都在變，「自己的存在感」或「角色」當然也會跟著改變。

重點不是抓著「過去的角色」不放，而是要**找出屬於自己的「新角色」**，這正是要隨時放眼新的起點而活，不要放眼終點而活的思維。

相信許多長年工作（或已經退休）的人，都曾經深切感受到「自己的存在感」或「角色」產生的變化。

千萬不要為此怨嘆，這其實是迎向下一個起點的好機會。抗拒變化一定會帶來巨大的壓力，希望大家務必提醒自己，將眼光望向下一個起點。

先做10分鐘再說

最近，許多人似乎都有工作專注力無法維持太久的困擾。

其實季節更替也會造成自律神經失調，像是春天時，身體狀態容易感到「心裡悶悶的」、「無法專心」，有這些煩惱的人正在持續增加，同時也有數據顯示2月份比較容易覺得心情低落。

如果面臨專注力無法維持的狀態，我建議改變一下「時間的劃分」。

平常工作時沒有明確做出時間劃分的人，請先**決定「工作45分鐘，休息15分鐘」、「工作50分鐘，休息10分鐘」之類的劃分方式，然後試著使用這樣的節奏工作。**

有意識地注意時間管理成為日常習慣，面對「狀況好」或是「狀況不好」的情況，會更容易控制自己的狀態。

尤其是在專注力不佳時，就算告訴自己「打起精神專心工作」，努力鼓舞自己也很難有什麼作用。但只要有了「只剩20分鐘，再撐一下吧」的具體目標，往往就能專注於眼前的工作。

如果這個方法仍然感到沒有效果，我建議反覆地「先做10分鐘再說」。告訴自己「先做10分鐘再說」，然後著手開始工作，若試著做10分鐘，仍然覺得不太能專心，就休息一下，深呼吸或伸展身體，接著再嘗試一次「先做10分鐘再說」。反覆進行這個步驟，在過程中就可以一點一滴地提升專注力。

運動比賽時只要知道「只剩10分鐘了」，就算再怎麼累，選手的專注力在此時也會有所提升，「10分鐘的魔法」非常有效。

不用考慮「心、技、體」的「心」

我的上一本著作《自我調整的習慣》中，有一個單元在說「心、技、體』中，最應該先調整好的是「體」，身體的狀態是一切的基礎，因此要先把身體的狀態照顧好。

身為自律神經專家，常有人問我：「要如何鍛鍊心理素質才能讓自己不緊張？」

我不會說心理素質是無法鍛鍊的，在運動狀態調整的領域，其實有很多關於心理素質鍛鍊的研究及實踐。

但如果是著眼於一般層面，我認為**提升「技」才是最重要的**。

例如，練習鋼琴時都彈得很好，發表會時卻因為緊張而出錯。

遇到這種狀況，大家往往會去想「該怎麼做才不會緊張？」但探討「心、技、體」的「心」，最不容易得到效果。**如果練習了100次，正式上場時還是會失誤，那就練習1000次**，把自己的技術磨練到，就算閉起眼睛也不會出錯的程度，這樣的做法才比較實際。

我也曾聽過「工作簡報時因為緊張而無法好好說話」、「在主管面前沒辦法完整陳述自己的意見」之類的煩惱，但實際上卻沒什麼人徹底進行「技」的練習。把要講的內容練習到可以背起來的程度，或是錄下自己的聲音反覆確認等，將具體的技術提升並做到極致，更容易帶來不一樣的結果。

相較於鍛鍊「心」，鍛鍊「技」不但比較具體，也更容易有效果，而且**透過累積在自己身上的技術，最終會讓心態更為從容。**

減少出錯的「5個重點」

以前我大學學校的某個團隊，曾做過名為「怎麼做才能不出錯」的研究，其實**出錯和自律神經的關係十分密切**。

沒有一個人能做到完全不出錯，但事前做好心理準備可以減少錯誤的發生。

錯誤的起因大致上可以分為以下５種：

①環境不佳

②身體狀況不佳

③**沒有自信**

④**發生意想不到的狀況**

⑤**沒有緩衝的餘地**

換句話說，確認「有沒有出現這5種狀況」可以減少出錯。

例如，下雨就屬於「環境不佳」。

只要意識到下雨天腳下容易打滑這件事，就能進一步思考怎麼做比較好，像是穿著不容易打滑的鞋，或是走樓梯時走在兩側有扶手的地方，以免不小心失去平衡時沒有東西抓等等，即便只是這樣簡單也無妨。

另外也可以先預想「預算太少」、「沒有時間」、「人員素質」等各種「環境的問題」，思考如何減少這些因素造成的影響。只要建立這樣的觀點，就能慢慢減少出錯的頻率。

預想身體狀況不佳導致出錯的可能性

接著來談「身體狀況不佳」。

每個人都會有「不知為何就是心情不太好」、「頭隱隱作痛」、「肚子不舒服」等身體狀況不佳的時候，這代表自律神經已經亂掉了，處在不良的狀態。

在發生這種狀況前，應該發揮想像力，預想**「身體狀況不佳可能會導致那些情況發生」**。若身體不舒服，走路的速度可能會變慢，上班途中可能會想停下來休息，或是想去上廁所，這些情況都可能導致時間變得不夠充裕。

先預想到這些事，就可以早點出門，藉此減少出錯的機率。

另外也可以先想像，因為身體突然不舒服，原本預計參加的會議可能無法出席、原本今天必須送到的資料可能送不成等，各種「有可能發生的情形」。

同時也要思考，「如果無法出席會議的話該怎麼辦」、「要如何安排才能把資料送到」等，並事先做好決定。

如此一來，當身體真的出狀況，就能立刻做出反應。

身體狀態不佳時，思考「該怎麼辦」，做出正確判斷的可能性也不高。在感覺「身體好像有點不對勁」時，就應該先想好接下來的風險與因應之道，並做好決定。

雖然身體狀況或許沒有辦法立即得到改善，但至少心情會輕鬆許多，而且還可以避免打亂自律神經。

若不知道該怎麼辦，就帶上「雨傘」和「外套」

為了能隨時拿出良好的表現，我給自己訂的規則是「若不知道該怎麼辦，就帶上雨傘和外套」。

我想應該沒什麼人會覺得「雨傘」、「外套」和「表現」之間有關聯，但從醫學角度來看，**外出時感到寒冷，會明顯影響自律神經**，使身體狀態變差。

穿著太熱當然也不行，但如果覺得太熱只要脫掉就好，感覺冷的時候如果沒有「備案」可就無法解決了。

所以，雖然覺得「搞不好出門以後又會嫌太麻煩」，我還是會帶著雨傘和外套。

這是優缺點的衡量比較問題，如果沒下雨或沒變冷，雨傘和外套就成了累贅，等於是給自己增加不必要的多餘物品。

但如果變冷或淋到雨，身體會著涼，狀態會受影響。我在本書的開頭說過，一旦陷入負面循環，就會一直受到影響，因此最好盡量排除任何會直接影響身體狀態的可能性。

同樣的道理，我也建議夏天時備好替換用的衣物，以便流汗時更換，帶著一身汗進到有冷氣的地方，身體很容易著涼。

可能有不少人不喜歡帶太多東西出門，覺得遇到什麼狀況的話「忍一下就好」，但如果因為這樣而影響表現或是出錯，代價未免太大。對任何有可能直接影響身體狀態的因素，都應該做好準備，這是**提升身心狀態最基本的原則**。

不要讓人扛太多責任

人在「沒有自信」的狀態下，絕對會容易出錯。

但就像前面提過的，「鍛鍊心理素質以建立自信」其實是不太實際的做法。

詳盡地假想所有可能發生的狀況，做好「120%的準備」；或是努力練習以提升「心、技、體」之中「技」的部分等，從心理素質以外的部分著手會更有效。

但這裡我想談關於管理一事，例如該怎麼做才能讓缺乏自信的下屬減少出錯呢？

過去我曾被問過，足球比賽最後進行PK決勝負的環節，要怎麼做才能避免球員失誤，我當時的回答是**「由教練來決定往哪邊踢」**。

有辦法與對方門將鬥智，憑藉自己的實力將球踢進的球員不會有問題，也就是所謂「有自信的球員」。

但沒有自信的球員會一直想「該往哪邊踢比較好？」、「萬一我沒踢好怎麼辦？」、「我會不會害球隊輸掉比賽？」等各種問題，結果導致專注力下降，最後真的沒踢好。

如果教練直接給指示「你往右踢、你往左踢、你往中間用力踢就對了」，球員在踢球時就不會感到迷惘。

讓沒有自信的人扛太多責任，一定會打亂自律神經，增加出錯的機率。工作上也一樣，告訴缺乏自信的下屬「你不需要負責，放手去做就好」，讓下屬明白「責任不在自己」，會有明顯的幫助。

雖然很多人都會說「失敗了也沒關係」，**但如果沒有清楚表達「就算失敗了也不是你的錯」，是無法讓對方放鬆心情的。**

減少出錯的基本原則是「減少不安」

對領導者或管理者而言，「減少下屬出錯」、「提升下屬的表現」是最重要的工作。

身為自律神經專家，我要強調的是「減少下屬的不安」，我認為這是管理層面最重要的一件事。若感到不安就會緊張，一旦緊張，不僅無法發揮平時的能力，甚至會犯下意想不到的錯誤。

如同前面提及的足球比賽ＰＫ案例，下屬若對某件事感到不安，幫下屬消除這股不安才是最實際的管理之道。如果下屬不了解工作如何進行，那就必須詳細說明步驟，以減輕下屬的不安；下屬若是對結果或成果感到不安，那就讓下屬知道「只要做到這樣就

ＯＫ」，幫忙畫出一條能夠安心的界線。

當然，某些工作或職業可能會有必須繃緊神經，或講話比較不客氣的情況，但大多數工作的第一線，需要的其實是消除不安、給予鼓勵及帶來勇氣，而不是逼人繃緊神經。

就我所知，有的醫師會在進行外科手術時，對工作人員破口大罵，但我絕不會這樣做，原因非常簡單，就算我罵人對病患也沒有幫助。

當場發飆罵人，造成對方的壓力，並不會提升對方的能力。

讓下屬舒服、自在地面對工作，下屬才能發揮穩定的表現。但這並不代表縱容，重點在於如何消除不安，讓下屬能以自律神經被照顧好的狀態投入工作。愈是優秀的管理者，愈能理解這項本質。

門口貼上備忘錄

我家門口貼著一張寫有「SA・KE・TO・KA・ME」的紙。

這是「錢包」、「手機」、「手錶」、「鑰匙」、「名片夾」的日文讀音第一個字，目的是提醒自己出門時不要忘了帶。

最大的目的雖然是「防止忘記帶」，但為何要像小學生一樣寫在紙上貼起來呢？有了這張紙，就算是睡過頭急忙要出門也可以確認。

睡過頭其實也是出錯的一種，但更重要的是，睡過頭這件事會增加「發生意想不到的事」、「缺少了緩衝」等**「容易出錯的因素」**。

這種時候容易進一步犯下其他錯誤，換句話說，這時就已經是負面循環的開始。

因為睡過頭而急忙出門會增加東西忘記帶的可能性，到了車站後開始擔心「咦？我有帶手機嗎？」、「該不會忘了帶名片夾吧？」之類的事。前面提過，當你產生這些念頭，自律神經會更加混亂，使得身心狀態變差。

只要瞄一眼貼在門口上的備忘錄，就能確認自己有沒有東西忘了帶，稍微感到安心。**睡過頭的確會讓自己無法從容準備出門，但還是可以用這樣的方式，進行片刻的重開機。**貼在門口的紙只是一個簡單的例子，重點在於「是不是有預想到意想不到的狀況」，而這其實也與「120%的準備」有關。

無論就提升身心狀態或減少出錯而言，都是非常重要的觀點，如果能「預想到意想不到的狀況」，就代表你具有超一流的資質。

一天不超過「2個行程」

時間管理對工作而言十分重要。

大部分的人都是以「這項工作大概需要多少時間完成」、「什麼時候有空檔」、「這項工作的期限是什麼時候」的觀點進行時間管理。

但我希望大家可以再增加一項觀點，即是**「如何做好時間管理，讓自己以良好的狀態投入工作」**。

以我自己為例，「一天不超過2個行程」是我時間管理的基本原則。

除了醫院的一般業務，我還有醫師會的會談、學校的會議及討論、節目通告及受訪、演講等各式各樣的工作。就我自己而言（除了醫院業務以外），一天排2個行程，可以用非常好的狀態從容面對。但只要有3個以上的行程，就會失去從容，感到焦躁不安，表現也會變差，還會因此而無法為隔天做好準備，或是沒有時間幫自己重開機、轉換心情振奮精神。

相較於「最佳的時間管理」，我相信一定有許多人行程是排到了「勉強一下的話應該還可以」的程度。在某些情況下，或許不得不這樣安排，**但如果「不得已多排一些行程」、「努力撐一下吧」的情況不斷累積，無法以良好的狀態工作將會變成常態。**

請先理解「讓時間管理幫助自己以良好狀態投入工作」這件事，然後以最佳狀態為基礎，檢討自己的時間管理。

如果表現變好，你會得到更多信任，他人對你的評價也會上升。從維持健康的角度來看，這是很重要的觀念。

連假最後一天要做好「3件事」

新年、盂蘭盆節、黃金週、9月的連假……一年之中的長假變得愈來愈多。

大家常說放完假回來的第一天「提不起勁」、「無法進入工作模式」、「心情還在放假」，過了許多天休假模式的生活，的確很難重新開機。

放完假回來的第一天，就算認真想要轉換心情投入工作，也不是那麼簡單就能做到的，畢竟「改變循環的流向」本來就是很困難的事。

因此我希望大家把重點放在假期最後一天，在這一天做好以下3件事，你就能順利地重新進入「工作模式」。

第一是**「回到原本的時間起床」**。大家放假時一定會比平日晚起床，過了3、4天生理時鐘就會慢慢亂掉，所以至少假期的最後一天要在平常的起床時間起床，建議大家一定要做到這一點。

第二是**「將假期最後一天訂為準備日」**。例如，若安排長假時出國或返鄉，要在假期倒數第二天回來，把最後一天當成準備日，利用這一天收拾好日常用品，或是備妥工作要穿的衣服、鞋子、資料等。

第三是去家裡附近的咖啡廳或家庭餐廳之類的地方，**「出門處理一點工作」**。帶筆電去外面工作，或只是看資料、收信件也無妨，時間大概1小時左右，開始上班的前一天，稍微處理一點工作是最佳的準備。

連假最後一天做好「起床時間」、「整理日常用品」、「稍微處理一點工作」這3件事，肯定能讓你用良好的狀態，迎來收假後的第一天。

第 6 章

讓「面對他人的心態」重開機

善待自己，也善待他人

照顧好自律神經，用良好的狀態過每一天，對人際關係也非常重要。我常說**壓力有9成來自人際關係**，改善人際關係，壓力就會減少，無論身體或心理的狀態都會變好。

第6章要談的便是人際關係。

新冠肺炎疫情使得人與人之間的距離出現重大改變，除了社交距離的規定造成「與人接觸的距離」變得與過去不同，應酬、聚餐跟著變少，交流的頻率、形式也不一樣了。

相信也有不少人過去時常與某些朋友喝咖啡、吃飯，但因為疫情減少見面，交情也就淡掉了。

這正是重新審視「面對他人的心態」的機會，這也是本章想要探討的主題。

談到「重新審視面對他人的心態」，很多人可能會立刻想到「和自己不喜歡的人保持距離」，當然，這也是照顧好自律神經必要的因素之一。如果需要忍耐才有辦法與某個人相處，這種關係真的好嗎？彼此之間是不是有更理想的界線？這是我希望大家思考的其中一個部分。

但另一方面，我也希望大家「試著聯絡許久未曾聯絡的人」、「好好向他人表達感謝之意」等，用更正面的角度重新思考「面對他人的心態」。

人際關係是最大的壓力來源，因此審視自己的人際關係並重新開機，對身心狀態有很大的影響。**請務必嘗試正面意義的「面對他人的心態」的重開機**，善待自己也善待他人，以這種方式與他人相處，對彼此的自律神經都有幫助。

若對某人反感就盡量減少接觸時間

每個人都會有「討厭的人」、「相處不來的人」，職場上如果有自己不喜歡的人，勢必會打亂自律神經，影響到工作表現。

如果能離職換其他工作，或要求公司把自己調去其他部門當然最好，但恐怕大多數人都無法做到。

以下介紹**2種南轅北轍的方法**，以解決這個問題。

首先是盡可能減少與「討厭的人」、「相處不來的人」接觸的時間，也就是減少實際相處、互動的時間。

午餐或聚餐等，只要有那個人在的場合（除非是不得不參加）就一律不去，堅持立場到底，這不失為一種方法。如果把這當成你的準則，壓力會一下子減少許多。

工作上，也只進行最低程度的必要互動。

請把心力放在「該怎麼做才能減少實際上的接觸」。

常見的人際關係問題中，有不少案例是「自以為已經小心翼翼，卻弄巧成拙，增加與討厭的人接觸的頻率」。

這時除了「與討厭的人有所接觸」這件事本身就是壓力，「為什麼我竟然去了那個聚會……」、「為什麼我會用那種方式互動……」、「我明明很討厭他，為什麼還要說出討好他的話？」等氣不過自己的想法，也讓壓力變得更大。

為了避免這類情形，請先減少接觸的時間。

只要提醒自己做到這一點，就能減少許多「有壓力的相處」。

積極接觸，不要「妖魔化」對方

前面探討與「討厭的人」、「相處不來的人」保持距離，對於做得到這一點的人而言，這是一個不錯的方法。

但或許也有不少人邊看邊心想：「如果做得到，我就不會那麼辛苦啦！」

如果是這種情形，我會推薦完全相反的方法——「積極主動接觸對方」。

我不是叫你約對方出來喝咖啡或吃飯，但如果這個人在工作上，無論如何都必須接觸，那就**不要刻意避開**，**有話盡量說**、**有問題盡量問**。若是心裡有事悶著，不妨試著鼓起勇氣問對方：「請問這件事你怎麼想？」、「請問你希望我怎麼做？」積極主動地接觸。

看到這個建議，你或許會覺得，這劑藥未免太猛了。

但根據我與感覺有壓力的人實際談過的經驗，這些人和自己「討厭的人」、「相處不來的人」實際相處的時間其實並不多，但心裡卻有很多不開心、不耐煩，只是因為對方的某些言行，就將對方妖魔化了。

在自己內心製造出來的妖魔是絕不會消失的，不僅如此，還會在妄想的餵養下變得愈來愈大。

將對方妖魔化得愈嚴重，你的壓力也會愈大。

對方實際上並沒有那麼可怕，或許你們的個性合不來，或許你不喜歡對方的某些言行，但**對方也只是一個同樣有各種壓力的普通人**，鼓起勇氣拉近距離，說不定你會意外地發現對方真實的模樣。

若想找人吐苦水，要選「不會誇大事情」的對象

前面提過，「不開心的事」可以用「做出結論」、「不要再多想」這兩個方法面對。這裡要再推薦另一個方法，就是**「馬上找人講」**，這個方法我每天都在用。

曾有人問我「小林醫師您會心情鬱悶或心情煩躁嗎？」其實我經常為了病患的事煩惱、心情低落，也會因為對組織及人際關係感到心煩而有壓力。

這種時候我都會馬上找人說，用坦率輕鬆的態度告訴身邊的工作人員：「我今天遇到了某某事情喔。」

重點在於態度開朗，不要太過嚴肅。

如果是病患的事，其實有不少事情本身是很嚴肅的，事態並不會因為我的態度嚴肅就好轉。談論這些事情的目的是讓自己放鬆，**輕鬆、坦率、開朗的態度才是重點。**

重要的關鍵字一樣是「不要妖魔化」。

如果可以，挑選「總是心平氣和、情緒穩定」、「不會過度誇大事情」的人，做為說話對象是最理想的。

我們常以為「會把別人的事當作自己的事的人」、「有同理心的人」是最理想的說話對象，但其實未必如此。

會把別人的事當作自己的事，就情感面而言固然很好，但如果太過嚴肅看待別人說的事情，感覺好像天都要塌下來一樣，我並不建議找這樣的人吐苦水。

反而是能夠冷靜、心平氣和聽你說話的人，可以幫助你平復一時激動的情緒，用客觀的角度看待事情。這樣的人才是不可多得的「說話對象」。

設定底線

壓力有9成來自於人際關係，如果更進一步探討，**大部分人際關係的壓力都是從「持續的關係」而來**。

假設公司有個人跟你合不來，只要這個人在你就充滿壓力，害得你自律神經失調。

但如果你再過2週就要離職，壓力便沒那麼大，「雖然這個人很討厭，但只要再忍耐一下就好」，這種念頭就能讓壓力減輕許多。

相反地，如果這段討厭的關係不知道要持續到何時，看不見終點，壓力則會飆升。

「設定底線」這個方法，便是針對這種心態逆向操作。

例如，面對一個無論如何不願意敞開心房的人，一直努力釋出善意卻得不到回應，實在很折磨人。折磨人的並不是「努力釋出善意」，而是「到底要這樣做到什麼時候」的徒勞感。

此時應該**下定決心「我再努力釋出善意3次就好，如果還是得不到回應，就不再繼續白費力氣」**，或者向自己做出承諾「一天只討對方歡心一次，絕對不超過」之類的。

不管信裡面講什麼事，每天只在早上9點～10點回信，晚上6點以後通知的事一律隔天才處理等，訂立這類原則也是不錯的方法。

決定好底線（不做超過底線的事）可以幫助自己釋懷，如此一來，就算對方沒有改變，你的壓力也不會那麼大，這是避免自律神經過度混亂的重要訣竅。

向重要的人表達感謝

講到檢視人際關係，大家往往把重點放在「保持距離」，但其實不只這樣。

我在因為疫情而閒下來的時候，親手寫信給過去曾照顧過我，但平時一直沒機會聯絡的人。

我總是說「感恩的心可以顧好自律神經」，仔細想想就會知道，這是很正常的事，**對別人懷有感激之情，精神狀態會非常平靜**，身心都沉著穩定，懂得感恩的人，也會是自律神經狀態良好的人。

無論是從人際關係，或是從提升身心狀態的觀點而言，我都非常建議大家向身邊的人表達感謝。

另外還可以試著聯絡平時沒什麼在聯繫的對象，寫信也是不錯的方式。雖然不是每件事都要和疫情扯上關係，但疫情的確不失為讓我們重新檢視人際關係的良機。

疫情讓我們學會「珍惜重要的人事物」這個極為簡單又基本的道理，**自己的時間要用在真正重要的事情上，要珍惜重要的人**，「珍惜重要的人事物」就是這樣的觀念。

身為醫師，我曾看過許多生命的消逝，大家臨終前後悔的，不外乎是「要是我有多向家人表達感激就好了」、「我應該要聯絡很久不曾問候的老師」、「我不該因為嫌麻煩就懶得回老家」、「我應該去見念念不忘的那個人」之類的事，這種時候不會有人說「我工作還有〇〇事情沒完成」。

大家不妨藉此機會，寫封信給過去照顧過自己的人或是重要的人，若不寫信也請務必用其他方式聯繫對方。

具體列出「讓人產生好感的人」有何特徵

想透過與人交流來提升自律神經狀態，最適合的對象就是「讓你有好感的人」。

如果對方讓你有「這個人感覺很不錯耶」、「這個人講話聽了很舒服」的感覺，你的自律神經自然也會有所改善。**自律神經就是像這樣傳遞的**，因此多與「讓人產生好感的人」接觸，也有助於提升自己的狀態。

例如，應該有不少人每天早上都會去買咖啡，如果與讓人感覺很舒服的店員閒聊幾句，自己也會覺得神清氣爽，能夠用好心情開始一天，相信大家都有過這樣的經驗。

接下來則要請你想一想，對你而言，怎樣的人算是「讓人產生好感的人」。以我自己為例，我覺得「謙虛的人」、「不會說人壞話的人」、「總是帶著開朗笑容的人」會讓人產生好感，和這樣的人說話，自律神經的狀態也會自然而然變好。

具體列出對自己而言「讓人產生好感的人」有哪些特徵，不知不覺間自己也會想要朝這些優點看齊，像是希望自己變得謙虛，或是時常露出開朗的笑容等。

如果產生這些想法的時刻愈來愈多，你也會離「讓人產生好感的人」愈近。雖然人不是那麼容易就能改變，**但只要有這樣的念頭，至少可以遠離「自己不喜歡的樣子」。**

稍微提醒自己，你就能在平時沒留意到的地方，露出開朗的笑容，當這樣的場景增加，你的心情肯定也會變得更積極正向。

若覺得自己情緒要爆發，記得做「2件事」

心中湧現怒意時，怎麼做比較好？

我在之前的著作《自我調整的習慣》中，曾建議「保持沉默」及「決定不生氣」。沉默可說是非常強大的武器，生氣的時候先保持沉默，這是不變的基本原則，我非常推薦這樣做。

沉默時請**思考「為何我會生氣」**，是對別人的哪項行為不高興？或是看什麼事情不順眼所以才那麼不耐煩？希望大家能思考這些問題。

如此一來你會發現，「原來我只是想維護我的自尊而已」，或是「對方小我那麼多歲，我還這麼生氣，未免太幼稚了」等等。

能想到這些，代表怒氣已經平息了。

還有一種我常使用的方法，可以**找人聊聊：「這種時候該生氣嗎？」**

這種方法其實相當特別，生氣時不是立刻向惹自己生氣的人發作，而是向另一個人提起自己的怒氣，問對方「我遇到這樣的事，你覺得我該生氣嗎？」

老實說，這時候氣大概已經消了一半，如果詢問別人的意見後，得到「遇到這種事你發脾氣也沒用，就不要理了」、「不值得為這種人生氣啦」之類的回答，氣又會消更多。

相反地，就算對方的回答是「當然該生氣啊」、「把話說清楚比較好」，由於距離怒意出現的瞬間已經過了一段時間，就算要表達自己生氣，也比較能冷靜而且適當地讓對方知道。

非常推薦這個方法，覺得心中湧現怒氣時，請記得找他人商量：「我該生氣嗎？」

不要和令你痛苦的「不同世界的人」往來

我人生中曾有好幾次覺得，眼前的人彷彿「住在另一個世界」的經驗。

我的老家在埼玉的鄉下，實在說不上是在高尚優雅的環境長大，就算被邀請參加豪華餐會或宴會，也很少有感到舒適自在的時候。雖然情況可能與我不同，但我相信應該有不少人會感覺，與「不同世界的人」相處很有壓力。

最簡單的解決之道，自然是不要和會令自己感到痛苦的「不同世界的人」往來，處於和自己格格不入的地方，不僅無法享受，一舉一動都會顯得不自在。

我在年輕時曾去過巴黎的著名餐廳「Tour d'Argent」，因為當時沒錢，所以選擇去吃午間套餐而不是晚間套餐，雖然是中午時段，但畢竟是套餐，價格仍舊很可觀。

我是和一名同輩的朋友一起去的，我們在這種待不慣的地方都感到非常不自在，看到眼前一本厚厚的酒單，完全不知道該點什麼。Tour d'Argent以鴨肉料理聞名，我們就是為此而來的，點餐時卻得意忘形地點了羊肉料理。

已經看慣這種場面的侍者，指向桌上的巴卡拉水晶鴨子裝飾問道：「不點這個嗎？」我們於是又急忙地更改菜色。

現在回想起來，旅行中這種手忙腳亂的場面雖然是很好的經驗，但在日常生活中，不要和會讓自己痛苦的不同世界往來，才是明智的決定。

假設過了若干年，累積一定的閱歷，了解不同的世界，自己應該也會察覺，和不同世界的人相處（先不論自己想要或不想要），不會再感到痛苦。

人與人的相處就是這麼回事。

做好「不抱期待」的心理建設

曾有讀者問我：「母親現在要靠我照顧，但無論我做什麼她都沒有一句感謝，一副理所當然的樣子，有時候還會發脾氣、大肆抱怨，搞得我無論是生理還是心理都疲憊不堪，這種時候該怎麼辦才好？」類似這樣**深受「照顧疲勞」所苦的人其實非常多**。

要減輕實際上的照顧負擔，需要包括各式各樣的支援管道，以及協助者的存在。而我提供的建議，則是「盡量不要加重情緒負擔的方法」。

我經常說，要做好「不抱期待」的心理建設。

我在前面曾說過，「期待」會打亂自律神經。不只是照顧，「期待」尤其會對親子關係造成各種影響。

開頭提到的這位讀者便是如此，每天辛苦地照顧母親，希望至少可以聽到一句「謝謝」，這樣想是很正常的。如果照顧者聽到的是「照顧我是理所當然的」、「你做得不好、你做得不夠」之類的回應，肯定會生氣。

這樣說可能會讓人感覺不近人情，但身為自律神經的專家，我認為「不抱期待」是最好的方法。既然無論做什麼都得不到感謝，甚至還會被嫌棄，那就不要抱任何期待了。

不只是單純的「不抱期待」，還要做好心理建設。覺得煩躁、鬱悶時更應該提醒自己，「我已經決定不要抱期待了」，然後深呼吸或聽聽音樂等，讓心情重開機。

「沒有回報的事」與「為了沒有回報的事動怒」是完全不同的，我們對於前者束手無策，但後者是自己可以控制的。

將照顧想成「為了不讓自己後悔」

對於照顧自己的父母，你能犧牲奉獻到什麼程度呢？

這是非常困難而敏感的問題，我有許多病患必須要照顧自己的父母，因此我常聽到這類煩惱及內心的掙扎。

也有很多人告訴我，自己的父母失智，甚至認不得自己了，在這種狀態下已經不知道自己究竟是為了什麼而照顧他們。

其實我父親也曾長期擔任照顧者，我的生母去世後父親再婚，後來一直照顧再婚對象直到最近幾年，父親自己也已經年過90，完全是老人家在照顧老人家。

繼母是在二〇二一年去世的，這樣說可能不太恰當，但當父親告訴我繼母的死訊時，聲音聽起來豁然開朗，帶著感謝之意而又神清氣爽的感覺。相信他早已有了自己的妻子會去世的心理準備，如果說沒有因為卸下重擔而感到解脫，肯定是騙人的吧。

父親非常努力地照顧對方，做出極大的犧牲奉獻，以他的年齡來看，想必每天都過得很辛苦。看到父親的模樣，並實際聽了許多病患的經驗，我認為「照顧是為了不讓自己後悔」這個觀點，其實非常重要。

父母已經因為失智而認不得自己了，那為什麼還要照顧呢？又該為了照顧父母付出到什麼程度呢？這些問題沒有正確答案。

但大家應該都同意，當父母去世時，**「如果我有多做一點就好了」的後悔愈少愈好**。完全不留一絲後悔是很困難的事，但我認為，偶爾用「為了不讓自己後悔」的觀點來思考照顧，絕對不是壞事。

記得立即表達謝意

雖然只是一件小事，不過有些人在和朋友相約吃完飯，隔天一定會向對方表達謝意，像是「好久不見了，昨天真的很開心」、「昨天的餐廳真好吃」等等，即便是非常簡單的幾句話，一定會讓對方知道，動作稍微快一些可能回家途中就已經與對方聯絡了。

其實我以前不太注意這種事，自己也不會特地跟別人道謝，但**近來我深深地覺得「這種微小的互動非常重要」**。

或許這並不是多特別的事，但如果看到對方向自己道謝，大家都會覺得對方是個很懂事的人，就算道謝內容只是普通的「見到你很開心」，心情還是會變好。

雖然只是一句道謝，這句話仍有它的分量。當然，相信大家並不是為了得到感謝才和他人吃飯見面，但如果對方什麼表示也沒有，難免會覺得這個人的為人處事讓人有些不舒服。

就算只是簡單一兩句話，也要向對方表示謝意，同時讓彼此心裡都不會留下不舒服，**讓心情在「真開心」、「度過了充實愉快的時光」的感想中，畫下完美句點。**

我認為這也是一種重開機的妙方，若心情沒有畫下句點，不舒服的感覺一定會一直停留在心裡。

人勢必會與他人接觸，那還是和見面時、見完面後，都讓人感到舒服的對象相處最好。反過來說，如果一直和會讓人心裡產生疙瘩的對象相處，心情將始終無法畫下完美的句點，容易累積壓力。

不要給「曖昧的回覆」

每個人應該都遇過，必須拒絕他人請求與邀約的情況吧。

當有人拜託你「可以幫忙處理這個工作嗎？」但你覺得「不想接」、「想拒絕」，你會如何回覆呢？

愈是一般所說的「好人」，或希望盡可能不要與他人發生衝突的人，通常愈會給出曖昧模糊的回覆。

例如，許多人可能會回答「時間上可能有點太緊了……」在自己看來，這樣的回覆是要傳達「時間太緊了，所以我無法答應」的訊息，但或許有些人並不這樣解讀。

雖然你已經說「時間可能有點緊」，但有人會用「這種時候來拜託你真是不好意思」的態度繼續談下去，彷彿你已經答應請求。

如果因為這樣，你最後得接下工作，是最糟糕的結果。但為了避免這種狀況，你又得更清楚地表達拒絕之意，用類似「不好意思我沒有把話說清楚，因為時間真的不夠，所以很抱歉無法答應您拜託的事」重新拒絕一次。

這樣的對話往來會造成很大壓力。

有些人無論是在工作或私人生活，都會忍不住用曖昧模糊的說法，傳達難以言喻的微妙感受，但結果卻往往讓壓力變得更大，這類人的個性是不敢直接說出自己的想法。為了不要製造更多壓力，就要避免「曖昧的回覆」，這是非常重要的觀念。

不要對家人有隱瞞

我在家裡對妻子無話不說，我原本就藏不住話，就算只是一點小事，像是家裡的狗有點不舒服，我都會告訴妻子。而且因為我們都是醫生，彼此有共通之處，所以妻子也會跟我講很多事。如果都不說話，我們反而會覺得有壓力，因此雙方都對彼此毫無保留。

我們並不是刻意建立這種關係，但**家庭生活不會讓人感覺有壓力，以能照顧好自律神經的方式過日子非常重要**。

雖然某些工作並非如此，但相信大多數人的生活模式，應該是白天外出，傍晚到晚上回到家中。

換句話說，在家的時間是從交感神經優先運作的狀態，放鬆身心進入「休息模式」，讓副交感神經優先運作的時機。

但家庭裡的人際關係如果有問題，會刺激到交感神經，因而無法進入休息模式，如此一來會影響到睡眠品質，最終連隔天的自律神經也被打亂，進入負面循環，這會使人難以控制好情緒，或感覺身體好像有什麼地方不對勁，進一步惡化人際關係。

與家人的關係是影響身體狀態的重要因素。

在一天的尾聲，閒聊今天發生什麼事、自己想到的事，可以完美地進行重開機。就算是抱怨不開心的事，講出來能夠將不好的情緒切割掉，並消除心裡的疙瘩，這些都是和家人對話帶來的好處。

無話不說，沒有任何隱瞞的關係與習慣，可以提供安心的感覺，這樣的家也是最能讓人放鬆的環境。

馬上行動不要拖

我過去受訪時曾被問過這麼一個問題：「小林醫師您與家人相處時，有什麼地方是特別用心的嗎？」

我明確地回答：「維持好心情。」我認為要建立良好的關係，沒有比這更重要的訣竅。

由於我的基本原則就是「不要生氣」，因此不只是家裡，任何地方我都會盡可能不要把壞心情表現在臉上，提醒自己維持好心情。

當然，無論在家裡還是外面，多少還是會有生氣的時候，但我在家裡尤其會提醒自己**「馬上讓事情過去」**，憑藉這點我不曾生氣，也不曾大聲罵人。

聽到我這樣說，有人會問我：「那你太太在家裡會生氣嗎？」其實我妻子也是會生氣唸我的。

大部分的原因都是「拜託我做的事情我一直沒做」之類的小事，於是我下定決心「只要別人開口，我就馬上行動」，不管當時我多累，或是正要去做其他事，總之就是馬上行動，我把這當成自己的原則。我很推薦大家這樣做。

許多人在別人叫自己做事情時，常會冒出「幹嘛叫我做？」、「不用急著馬上做吧？」、「有必要做這件事嗎？」等各種想法。

但我已經決定，不要給自己想那些事情的餘地，「只要別人開口，我就馬上行動」，**既然已經下定決心這樣做，那只要行動就好。**

這樣看起來好像很辛苦，但其實動起來才是最輕鬆的，建議大家務必嘗試，而且這樣反而能減輕在家的壓力。

第 7 章

消除壓力的
「日常重開機妙方」

增加生活中「關注自律神經的時刻」

第7章要講的是「只要稍微用點心」，就可以在日常生活中的各種場合，照顧好身心狀態的訣竅。

最基本的大前提是，**自律神經無法由自己的意志控制**。

可能會讓人覺得「那我不就無能為力了？」但其實只要稍微用點心，就能大大改變自律神經。

例如，許多人都不會特別留意自己的呼吸，只要提醒自己「深呼吸」、「用1比2呼吸法（吸氣與吐氣的時間為1比2）」，就能改善自律神經。

自律神經的狀態，很大一部分取決於日常生活中增加多少「關注自律神經的瞬間」。

本書的主題是重開機，因此這一章會特別著重在「有助於重開機的核心知識及觀念」。

許多人早上走路或搭車時都會聽音樂，基本上應該都是看「當天的心情」決定要聽什麼。這時如果能用點心，選擇「有助於改善自律神經狀態的音樂」，效果就會不一樣。研究證實，早上聽有節奏感的音樂，能夠使交感神經活躍，更容易進入「活動模式」。

像這樣稍微用點心，就能幫助你在生活中重開機。

另外，吃飯的時候，提醒自己「仔細咀嚼」。

提醒自己仔細咀嚼，不要漫不經心地吃飯，不僅能提升免疫力，專注於進食還有正念覺察的效果。

無論是走路、心情低落，或是思考接下來要做的事情，**若能在日常生活中的各種時刻「關注自律神經」，就能在這些時刻重開機，照顧好身心狀態。**

選1個主題在通勤時思考

相信許多人都覺得每天上下班的路途是種折磨，光是待在擠滿人的電車裡就充滿壓力。事實上的確**有很多人因為早上搭乘的電車擠滿人，而影響自律神經，在狀態不佳的情況下開始工作**。

如果能有自己的方法減輕壓力、重開機也很好，但如果帶著壞心情展開工作，輕則整個上午，嚴重可能整天的狀態就會浪費掉。

因此我建議養成選1個主題在通勤時思考的習慣。

擠滿人的電車不僅會造成身體負擔，對精神造成的負擔也不容小覷。「好討厭的感覺……」、「好煩喔……」、「不會站到別的地方去嗎？」、「幹嘛背那麼大的包包搭電車啊？」等，心中的各種想法往往會形成壓力，打亂自律神經。

因此要將心思集中在自己決定好的主題上。

例如，我會決定「下星期我有一場要談〇〇主題的演講，今天就來想〇〇這個主題吧。」然後一直思考這件事。如果主題是「免疫」，便會一心一意地思考「用哪些例子說明免疫會比較好懂又有趣呢？」並用手機查資料。

如此一來，心思會自然而然地專注在思考，幾乎察覺不到周圍發生什麼事。

思考的主題無論是和工作相關，或是社會時事，甚至是吸引你注意力的新聞等，任何領域都可以，只要是你有興趣並且能夠讓你專注思考的主題。**只是改變心思關注的對象，就足以讓身體的狀態變得不一樣。**

「走去車站的路」加快步伐

由於疫情的影響，**交感神經在早上難以進入狀態的人變得比以前更多**，也有不少人因為居家工作的時間增加，一天的活動量變少，或是居家工作與到公司上班的混合工作型態打亂生活節奏。

在這種環境中生活，會使得晚上副交感神經優先運作的狀態，無法順利切換到早上交感神經優先運作的狀態。

自律神經本來就是得憑藉規律的生活，才有辦法切換自如，因此一旦沒有正面循環，當然會對身體產生影響。

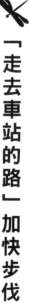

我的建議是早上走去車站時，提醒自己走快一點。

許多有時居家工作，有時要到公司上班的人都向我表示，去公司上班時總會有種倦怠感，覺得提不起勁，因此就只能在「好沒勁喔」這種無法上緊發條的心情中準備，然後出門上班。

平時的生活習慣已經很難打開交感神經的開關，如果無精打采地走去車站，只會更加無法提升工作狀態。此時，需要用激烈一點的方法，打開早上的開關。

重點是節奏和姿勢，腳步要輕快有節奏，並且挺直背部走路，可以打開氣管，增加呼吸時進入肺部的氧氣，**吸入的氧氣量增加，末梢血管就會擴張，改善身體各個角落的血液循環**。血液循環變好，養分及氧氣就容易送到全身，身體狀態自然會變好。

「3個重點」確認身體狀態

日常生活中最不好的事，就是讓負面循環一直持續下去。

但生活是連續不間斷的，因此**大多數人過生活時都沒有意識到負面循環**。由此可知，能夠簡單確認自身狀態的方法多麼重要。

①是否有睡好？

②有沒有食慾？

③腸胃感覺如何？

只要每天早上記得確認這3點，就能發現自己是否遇上負面循環，並創造重開機的契機。

如果覺得自己睡得不好，可以考慮培養稍微活動身體的習慣，或者避免在睡前看電視、手機，以及改變洗澡的時間、方式等，嘗試各種改善睡眠品質的方法。

如果覺得沒什麼食慾，可以藉此機會檢討自己的飲食習慣，是否吃太多了，或是吃了哪些食物。

至於腸胃狀況方面，如果有便祕或腹瀉的問題，則要注意自己的飲食習慣是否造成腸胃負擔，另外也可以吃些發酵食品。

無論如何，重點在於確認每天的狀態，創造重開機的契機，**提醒自己記得重開機，不要放著負面循環不管，就能確實照顧好身體狀態。**

如果身體不適的狀況持續一週以上，建議直接就醫。

早上要聽「有節奏感的音樂」

許多研究證實，音樂能有效調理自律神經，有助於提升身心狀態。

早上要讓交感神經醒過來，進入「活動模式」，我建議聽「有節奏感的音樂」。**聽硬式搖滾之類的音樂，並讓自己跟上音樂的節奏，是很不錯的方法。**

早上散步或去公司的途中，尤其是去車站的路上，聽節奏稍快的歌，能自然打開身體的開關。

相反地，晚上要睡覺時聽沒有人聲、舒緩的音樂，則能自然而然提升副交感神經，進入「休息模式」。

副交感神經在開始聽音樂時會立即運作，並在聽完音樂後約10分鐘時到達高峰，如果想擁有品質良好的睡眠，在副交感神經到達高峰時入睡是最理想的。

調低音量，播放安詳的古典樂或音樂盒曲子，同時入睡也是不錯的方法。

想要藉由聽音樂提升身心狀態，還可以嘗試「隨機播放」，近來許多訂閱服務串流平台都推出「J-POP」、「80年代金曲」等不同類別的隨機播放歌單。

聽隨機播放的歌單，**聽到沒聽過的歌可以獲得新的刺激**，突然間聽到懷念的歌或自己的愛歌，也會帶來好心情，感覺就像是聽廣播時剛好聽到自己喜歡的歌一樣。

交感神經會在這個瞬間活躍起來，讓心情煥然一新，因此我很推薦在工作的休息時間或搭車移動時這樣做。

主動安排「讓自己期待的行程」

前面曾提過，長照是整個日本社會目前面臨的一大課題。

我的父親已經年過90歲，現在還是很健康地獨自生活，但長照是許多人不得不面對的問題。

而且有愈來愈多人因為長照而身心俱疲，需要受照顧的人本身的問題固然重要，但在我每天接觸的人之中，許多都屬於50、60歲的「長照世代」，時常有人跟我說「我每天都精疲力盡」、「不只身體累，心裡更累」。

經過詢問後我發現，現在不像疫情前可以那麼容易旅行出遊，因此產生生活中只有

「照顧」這件事的感覺。

其實**心情與自律神經有密切的關係**，如果安排「令人期待的行程」，不只是當天，在那之前的心情也會變得不一樣。

例如，週末要和朋友一起去溫泉旅行，那一週應該都會覺得心情不錯。用這樣的心情過生活，可以改善自律神經的狀態，將身心狀態調理得更好。

因此我希望大家可以養成習慣，主動安排讓自己期待的行程，就算沒辦法去旅行，去自己喜歡的咖啡廳、和朋友約吃飯、逛街購物都可以。

重點在於要主動地、定期地安排行程。

如果只是茫茫然地過每一天，身心一定會陷入負面循環而無法擺脫，但只要有讓自己期待的行程，就能夠成功地重開機。

「對未來抱有期待」是提升身心狀態不可或缺的關鍵因素。

「終活」是為了讓自己能安心活在當下

近年來出現了「終活」（在生前就處理好自己的後事）這個詞，有愈來愈多人開始思考自己的死，並進行各種整理和安排。

我認為這件事本身是非常好的。

終活代表的絕對不是負面意義，如果生前就已經做好安排，不在自己死後給留下的人造成麻煩，也等於可以讓自己走得更安心。

每個人都會對死亡感到恐懼，畢竟**沒有經歷過的未知事物會令人害怕**。

由於我是醫生，因此比一般人看過更多人的生死，而且因為具備專業知識及經驗，知道人在怎樣的情況下會死去，因此更能感覺到死亡的可怕。

但就純粹的事實而言，人必定會死，而且死了一切都結束了，這一點是所有人都平等的，這是自然界的真理，我們無從抵抗。正因為如此，我們要做的不是去想死亡的恐怖，而是**在那一刻來臨前先做好安排，剩下的就是活在當下**。

我在《自我調整的習慣》著作中曾提到「現在的自己最年輕」，5年後的自己一定會羨慕「現在的自己」，像是覺得「那時候的我好年輕」、「我明明可以做更多的，為什麼沒有做？」等等。

這樣的想法會一直持續到死前，因此我認為，現在能做到的就放手去做。

如果一直擔心自己死後的各種事情，是無法專心活在當下的。

所以我們才需要終活，在我看來，**終活並不是為了自己的死後而做，而是能讓人專心過好今後人生的「終極重開機之道」**。

天氣不好時要打開「注意開關」

在醫院工作後，我發現「天氣不好時容易出意外」。

不只是因為雨天時地面濕滑容易造成意外，也有研究指出，氣壓低時每個人的自律神經都會亂掉，交感神經、副交感神經皆處於低潮。

下雨本來就已經讓人心情低落或感到不耐煩，控制情緒的機能也會下降，如果這時候再搭上擠滿人的電車，自然很容易發生糾紛，或是被捲入意想不到的麻煩。

希望大家都能建立**「天氣不好時，每個人的自律神經都會亂掉」**的認知，無論你自己或身邊的人都一樣。

雨天會帶來負面循環，因此更要多用心在重開機上，我稱為「打開注意的開關」。

近年來也常聽到氣象病、氣壓性頭痛之類的名詞，由於自律神經亂掉，出現頭痛、頭暈、倦怠感、腸胃不適等症狀也不足為奇。

對此最重要的因應之道，就是睡眠。天氣不好，身體狀態不佳時要盡量早睡，確保睡眠充足，這是最好的重開機。就預防的角度而言，如果已經知道隔天天氣不好，前一天就先睡飽，能夠將自律神經的混亂減到最低。

調整身心狀態的基本原則，就是不需要設法讓每天過得一樣，而是天氣不好時有面對天氣不好的因應之道，像是避免身體著涼、工作方面不要硬撐，如果可以也建議不要安排會造成巨大心理負擔的行程。

提醒自己多留心、多注意細節，自律神經就不會出太大問題。

重新認識「早餐的價值」

我曾在各式各樣的書籍及演講中，不斷強調「早餐的重要性」，由於能夠打開「時鐘基因」的開關，因此我一直呼籲要好好吃早餐。

早餐的重要性已是不爭的事實，**各項科學研究目前仍不斷帶來關於早餐的新發現**。

近年來的研究證實，「確實進食」非常重要。過去曾經流傳，如果早上沒什麼食慾，可以只吃香蕉和優格就好的說法，我自己也做過類似的宣導。但近年的研究認為，早餐如果不吃豐盛一點，沒辦法打開時鐘基因的開關。人體有37兆個細胞，時鐘基因就包括在其中，時鐘基因就像生理時鐘，早上可以藉由打開「活動的開關」使交感神經活躍，讓身心都進入活動模式。

若要打開開關，重點在於要吃到和「飯店早餐」差不多豐盛的程度，烤魚、雞蛋、蘿蔔泥、納豆、味噌湯等菜色是最理想的。

另外，吃早餐的時間也很重要，研究指出，**要打開時鐘基因的開關，必須在起床後1個半小時內吃早餐**。

有些商務人士習慣早上5點就起床，喝杯咖啡後就看書或稍微處理工作，然後才吃早餐，如果是這樣，還是要留意起床後到吃早餐為止過了多久時間。

我很推薦大家利用早上的時間做事，但也請務必養成起床後1個半小時內吃早餐的習慣。

記得「仔細咀嚼」

注重飲食的人，應該都會留意自己「何時吃、吃了什麼、吃了多少」，這固然非常重要，但我希望大家可以培養「仔細咀嚼」的習慣，「吃東西要仔細咀嚼」是我們從小聽到大的話，但卻往往被輕忽。

仔細咀嚼會增加唾液的分泌量，而唾液中含有免疫的重要成分「ＩｇＡ抗體」，ＩｇＡ抗體可以想像成免疫的飛彈，扮演攻擊病原體及病毒的角色。

仔細咀嚼就相當於架設許多「免疫的飛彈發射架」，因此希望大家能提醒自己做到仔細咀嚼。

另外也有研究指出，仔細咀嚼增加IgA抗體，還具有預防傳染病的效果。

生活步調被打亂、心理狀態不佳時，免疫力會明顯下降，為了提升免疫力、消除疲勞，更加要提醒自己吃東西記得仔細咀嚼。

而且吃飯時做到仔細咀嚼，**能夠讓自己專注於進食，具有正念覺察的效果**。很多人應該都是邊看電視看手機邊吃飯，如果能記得仔細咀嚼，就會自然而然專注在進食上。

我們每天都要吃三餐，因此**只要維持這項習慣，免疫力及自律神經的狀態都會出現巨大的改變。**

就寢前留3分鐘「呼吸時間」

呼吸是調理自律神經的重要關鍵。

我已經呼籲這件事超過10年，但日常生活中會注意呼吸的人卻很少，原因在於呼吸是一件太過自然、稀鬆平常，而且是無意識之中做的事，所以很難刻意花心思在這上面。

我常在演講的時候說這是因為「呼吸是免費的」，如果呼吸一次要付100圓，大家肯定會多用心一些吧。畢竟如果只是隨隨便便呼吸，就浪費100圓了。

但實際上，呼吸就是免費而且是毫無自覺在做的，因此很難留意。

所以我建議在睡前留3分鐘的時間，只用來呼吸，既然日常生活中無法花心思在呼吸上，那乾脆保留一段「專門用來呼吸的時間」。

方法則是「1比2呼吸法」，也就是**「吸氣4秒、吐氣8秒」等，讓「吸氣」與「吐氣」的時間維持在「1比2」，提醒自己深呼吸。**

只要能主動養成深呼吸的習慣，在工作的休息時間、吃完午餐後、遇到不開心的事等各種狀況時，就會自然而然地深呼吸。當身體記住這個「調整身心狀態的方法」，便能在日常生活中的各種時刻回想起來。

仔細觀察忙碌、情緒不佳、緊張、情緒低落的人就會發現，這些人的呼吸都很淺。

此時若是能察覺「啊，我的呼吸變淺了」、「應該要深呼吸」，就有辦法讓狀態重開機。

降低寫日記的門檻

我經常建議養成在睡前回顧一天的習慣，具體來說，「寫3行日記」就是值得嘗試的方法。

但就算讀了以「3行日記」為主題的書，實際開始寫日記的人恐怕還不到1成，而且會一直持續寫下去的人比例又更低了。

詢問放棄寫日記的人，我得到「不知道該寫什麼」、「有時一天下來完全沒東西可寫」、「如果連續幾天都沒東西可寫，就會覺得持續不下去了」等回答。

共通之處在於「把內容的門檻設得太高了」。

只要回顧今天一天的生活，稍微寫一下「有什麼好事」、「有什麼不好的事」即可。

如果每天都要寫，應該不會有那麼多「值得特別記上一筆的事」、「應該在心裡好好反省的錯誤」。

其實，我所說的「好事」，可以是「早上成功準時起床」，也可以是「去公司的路上有記得以輕快的節拍走路」；至於不好的事，像是「今天一個地方都沒有收拾」、「膳食纖維吃得不夠」之類的也完全ＯＫ。

如果只是這樣的內容，一定寫得出來。

總之，就算只有一點點也沒關係，每天都要寫，用記事本、日記本都可以，但請不要有任何一天空著沒寫。

每天寫日記能讓你養成「回顧」的習慣，**有助於「留意生活中的小事」**。

希望大家務必試著降低門檻，嘗試寫下日記。

健走的「節奏」比「速度」更重要

散步或健走等適度活動身體的習慣，能有效調理身心狀態。

當談論這個主題，我常被問到「走路速度」相關的問題。

「我每天早上都會散步，常常一面走一面想事情，因此走得很慢。我聽說刻意走快一點對健康比較好，真的是這樣嗎？」

首先，**如果目的是提升身心狀態，最重要的是用「自己的步調」走**。之所以特別說到提升身心狀態，是因為如果是為了瘦身、訓練而走，的確需要稍微加快速度，給自己一些負荷。

但若只是為了提升日常的狀態、調理自律神經，「自己走起來覺得舒服的步調」才是最好的。

要快步疾走當然可以，想放慢腳步的話也沒問題。

就像前面提過的，比起速度，更應該關注節奏，走路時維持一定的節奏感，這樣對自律神經是最好的。另外也要注意姿勢，挺直背部不要駝背，稍微挺起胸，只要好好留心姿勢與節奏，便足以調理身體的狀態。

我每天早上都會散步，注意的重點就只有「姿勢」與「維持一定速度」。

一面走路一面想事情雖然並不是壞事，但如果太專心想事情而沒有注意到走路的節奏，會讓健走的效果打折扣，因此還是希望大家要在節奏與姿勢多用心。

當夜愈深，黎明就愈近

「夜愈深，黎明愈近」是我很喜歡的一句話。

人愈是在感到無比痛苦時，愈會懷疑「這種狀態是不是會永遠持續下去？」更加感到絕望，我也有過類似的經驗。

我曾經在倫敦的醫院擔任外科醫生，**每天實在是辛苦到難以忍受**，不僅身體的操勞讓人吃不消，心理方面也飽受打擊。

當時因為我身為醫師的專業素養還不夠成熟，而且也不清楚外國的工作方式，甚至可以說一竅不通，但我還是得在攸關病患性命的第一線工作。

剛開始由於語言也不太通，連和他人溝通都有困難，另外我也感受到身為亞洲人所遭受的歧視。

當時我住在醫院的宿舍，每天回到宿舍時都在想「我明天絕對不要去醫院了！」不過因為身體已經累到極點，躺上床就會直接睡到隔天早上，然後又照樣去醫院，這就是我當時每天的生活。

老實說，我很迷惘，不知道這種日子還要持續多久。

就在此時，住我隔壁房的朋友克里斯，告訴我「夜愈深，黎明愈近」這句話。

這句話真的拯救了我，感到痛苦時想起這句話，能讓我告訴自己**「對，這種狀況不會持續太久的」**、**「愈是痛苦，就代表出口愈近」**。神奇的是，只是這樣轉念，心情就變得比較輕鬆，也讓我感覺到自己的狀態重開機了。

第 8 章

消除疲勞的「身體重開機妙方」

腸道環境對於「提升免疫力」超級重要

相信大家都知道，**免疫能夠保護我們的身體不受病毒及細菌侵襲**。

由於在生活中不可能完全不接觸到病毒或細菌，因此我們必須自己主動提升免疫力。

話說回來，免疫到底是以怎樣的機制運作？

用最簡單的方式來說，血液會將負責免疫的「免疫細胞」送到全身，只要發現有害的病毒或細菌，便會當場展開攻擊。

由此可知，血液循環對免疫是何等重要。

遍及全身的免疫細胞其實有7成位於腸道，因此免疫與腸道的關係非常密切。

雖然腸是消化器官，但並不只是單純消化食物，同時也扮演及早捕捉從口中進入體內的病毒及細菌，進行處置的角色，所以免疫細胞才會聚集在此。

因此改善腸道環境，有助於提升免疫力。

腸道棲息100兆個腸道菌，可大致分為「好菌」、「害菌」、「伺機菌」3種。好菌可以幫助消化，使致癌物質變得無害，並促進腸的運作；害菌會使腸道環境腐敗、產生致癌物質；伺機菌則會視腸道環境的狀況，變成好菌或害菌。

對腸道環境最佳的比例是「好菌2：害菌1：伺機菌7」，害菌具有帶給好菌適度刺激的作用，因此並不是完全沒有害菌就是好事。

擁有這種比例良好的腸道環境，就能製造出流動順暢的清澈血液，進而活化細胞、提升代謝，達到改善免疫力的效果。

藉由「發酵食品」、「蔬菜」、「菇類」調理腸道

「吃下肚的東西」是調理腸道的重要關鍵。

日常的飲食尤其要主動攝取「發酵食品」、「蔬菜」（包括海藻）、「菇類」。

發酵食品中富含乳酸菌、雙歧桿菌、酵母菌、麴菌等好菌，想要調理腸道，就應該持續吃發酵食品。

近來的研究指出，吃多種發酵食品能有效增加好菌。說到發酵食品，大家通常會立刻想到優格、起司、納豆等，但其實味噌、米糠醃漬醬菜等也屬於發酵食品。持續吃各式各樣的發酵食品，能夠增加腸道的好菌，但也要注意避免攝取過多鹽分。

不過，光是這樣還不夠。

因為**好菌無法獨自存活，必須要有食物，而好菌的食物就是膳食纖維**，所以吃蔬菜這件事也同樣重要。

許多蔬菜都含有膳食纖維，但其實膳食纖維分為不溶於水的「不可溶性纖維」，與可溶於水的「可溶性纖維」。

一般蔬菜所含的是不可溶性纖維，而菇類及海藻則富含可溶性纖維，這兩者應該要均衡攝取。

首先，一天建議攝取20公克的膳食纖維（大約是350公克蔬菜），其中不可溶與可溶性纖維的理想比例是2：1。

請大家務必提醒自己「吃各式各樣的發酵食品」與「攝取2種膳食纖維」，這樣一定能讓腸道環境重開機。

用「輕敲」放鬆身心

當我們感到緊張或情緒低落，副交感神經處於低潮狀態，緊張的時候交感神經會活躍起來，心情低落、鬱悶的時候則是交感神經、副交感神經皆處在低潮。

這時就算心裡想著「要想辦法讓心情平靜下來」、「要努力打起精神積極面對」也沒那麼容易做到。

若以自律神經專家的立場提供建議，這時候要喚醒副交感神經、改善血液循環。

具體的方法則是「輕敲」。

輕敲是指「用手指輕輕敲打身體的某個部位」。

請你用食指、中指、無名指，從頭往太陽穴輕輕敲打，不是像按摩頭皮那樣用力按壓，重點在於輕輕地、帶節奏感地敲打。

用這樣的方式輕敲頭部後，接下來再繼續依眉間、眼睛四周、人中、下巴的順序，一路輕敲到臉的下方。

輕敲可以使副交感神經活躍、促進血液循環，並讓心情恢復平靜，變得積極正向。

還有一點要注意，輕敲時要一面慢慢地深呼吸，用「1比2呼吸法」以「吸氣4秒、吐氣8秒」等方式，深呼吸搭配輕敲會更有效。

覺得緊張、不安的時候，你的腦袋可能全被引發這些情緒的因素佔據，但**輕敲時請集中精神在敲打的節奏上**，有助於正念覺察，能讓人更加放鬆。

改善睡眠品質的2個方法

睡眠是照顧好自律神經的重要關鍵，品質良好的睡眠可以讓副交感神經上升，讓人在隔天早上以絕佳的狀態起床，並順利進入準備工作的狀態，因此可以說「狀態良好的一天從睡眠開始」。

「睡前3小時內不要進食」、「睡前不要看手機或電視」、「在睡前2小時洗好澡」等，都是提升睡眠品質最基本的原則，不過我要從稍微不同的角度提出「2個重點」。

第1個重點是**「按壓頭頸部的穴道」**。

頭頂有一個名為「百會」的穴道，請用雙手的中指，以自己感到舒服的適中力道，按壓15～20次左右。

接著從較後頸髮際線稍微高一點的地方，慢慢往下按壓頸椎兩側，這個部位有「天柱」、「風池」、「完骨」等穴道，在睡前按壓有放鬆的效果，使用熱毛巾等讓頭頸部暖起來後，再按壓穴道會更有效。

第2個重點是**「打造正確的睡姿」**。「睡姿」對品質良好的睡眠很重要，關鍵在於正確維持頸、腰、膝的「3個弧度」。

請將毛巾捲起來，塞在頸部後方及骨盆一帶，借助外力打造「正常的弧度」，夾著毛巾不會覺得不舒服的話，也可以將毛巾塞在膝蓋後方。

如果這樣的姿勢不會感覺勉強，能睡得舒服，就這樣直接入睡也無妨。若是沒辦法在這種狀態下入睡，只要在睡前用這個姿勢躺10～15分鐘，就能讓身體維持正確姿勢，血液循環也會改善，讓你在放鬆的狀態下入睡。

改變寢室的環境

如果想提升睡眠品質，打造良好的環境也是一大關鍵。

睡起來舒適的寢具、寬鬆而不會太緊的衣服，都是不用再多做說明的重點，另外要介紹的是**藉由「光」、「氣味」、「聲音」提升副交感神經的運作**。

首先是「光」。

目前是在全暗的狀態下睡覺的人，只要維持現狀就好。如果你是房間全暗反而會睡不著的人，可以開著燈，但建議使用不會太亮、不構成干擾的間接照明。除了降低亮度外，使用間接照明也是不可忽略的重點。放在腳邊或床的下方是最好的，腳邊如果有微微的光線，會帶來神奇的安心感，許多飯店的床下方都裝有燈，可以營造相同的效果。研究也證實，「氣味」具有調理自律神經的功效。建議使用氣味不會太強烈的精油等，挑選自己喜歡的香味，有助眠效果的薰衣草及柑橘類精油也不錯。

最後則是「聲音」，以極小的音量一面播放音樂盒音樂、海浪的聲音等，一面睡覺，具有放鬆的效果。

像這樣主動打造適合睡眠的環境，並養成習慣，身體也會逐漸理解「這樣的狀況就是休息模式」，建立起**例行的睡眠儀式**。

不要只是「因為時間到了所以上床睡覺」，而是應該「用心做好就寢的準備再上床睡覺」，這套精心準備的流程，能幫助身體順利進入休息模式。

心情不好時就去「小跳步」

我總是說**「心理的問題不要試圖從心理解決。」**心情低落、煩躁、鬱悶時，想要從情緒著手解決心理方面的問題，通常都不會成功。

這種時候應該從身體著手。

最基本的原則是動起來，我建議的方式是小跳步。

這樣做真的很有效，心情低落、煩躁時，不妨起身走出去小跳步，如果能找到適合的地方（相信大家應該不希望被別人看見吧），就輕快地跳一跳吧。

沒有人在小跳步時，還有辦法維持低落、煩躁的心情。身和心是相連的，心情不好的時候身體的狀態也會變差；但相反地，身體充滿活力積極地動起來，也能夠帶動心情。

當自律神經被照顧好，血液循環改善了，腦部就會開始正常運作，變得能夠控制情緒及思考。

「微笑」的原理也完全一樣。

有一句話說「不是因為開心而笑，而是笑會令人開心」，就自律神經的研究而言，的確是如此。

實驗證實，人在笑的時候，副交感神經會變活躍，心情也會變輕鬆，而且更加正向積極，就算不是「發自內心的笑容」，只要把嘴角往上提，也能得到相同的效果。

總之揚起嘴角微笑就對了，**心情會隨後跟上的**。

隨著年齡增長，有的人會變得開朗活潑，有的人則會變得難以取悅，從醫師的角度來看，無疑是前者更能維持健康。

小方法改善駝背

很多人自律神經失調，或是腸胃運作變差就會便祕，我的便祕門診也有不少病患前來求診，我發現許多人的共通之處，就是「駝背」。

駝背對健康一點好處也沒有。

不僅血液循環會變差，內臟受到壓迫會使得腸胃運作更加惡化。

除此之外，駝背會造成頭部往前傾，因而對頸部肌肉造成負擔。頸部有許多連接腦與身體的神經與血管經過，承受負擔會使得全身的狀態都變差。

因此一定要提醒自己不要駝背，這也是重要的重開機妙招。

話說回來，駝背是身體經年累月下來記住的姿勢與習慣，如果沒有花相當程度的心力提醒自己，恐怕很難改掉。

因此我推薦簡單的方法，**養成「每30分鐘站起來一下」的習慣**。

在辦公室處理工作時也一樣，過了30分鐘就站起來一下。在家裡無論是看電視、看書或做任何事，同樣每30分鐘就站起身。

這是提醒自己注意駝背的開關。

如果可以，站起來時順便多做「摩擦肋骨體操」，方法很簡單，雙手輕輕交握，以手掌左右摩擦肋骨即可。

挺直背部面向正前方，大動作移動雙手左右摩擦，可以拉直背部並活動肩胛骨，帶給肋骨的刺激，也能讓內臟運作更活躍。

把駝背的習慣改掉吧，這是馬上就能做到而且又簡單的重開機妙方。

Pick up!

幫助你重開機的22句話

1

重開機的基本觀念是「斬斷負面循環，創造正面循環」。

2

每天多一個「小動作」，自律神經就能得到照顧，得以重開機。

3

一週挑出一天當作「重開機日」，這也是值得養成的習慣。

4

徹底改變家裡的布置，心情也會煥然一新。

5

就算麻煩，還是要優先選擇「行動」，
這樣做一定能讓心情變好，並累積微小的成就感。

6

如果知道自己只能再活10年，此時此刻就是新的起點。
就算人生只剩下2年、3個月也一樣。

7

建立「屬於自己的準則」最重要。
只要決定「我要這樣做」，對自己也會釋懷許多。

8

「懂得如何獨處」也是很重要的一件事。

9 不用強求成為「器量大」的人，最重要的是了解自己的器量有多大。

10 在自己心裡做出「這樣做就對了！」的結論，就不要再多想其他事。

11 懂得重開機的人不會被過去束縛。

12 出錯的時候重點在於「檢討流程」。

13 不知道該怎麼辦，就帶上雨傘和外套，能幫助你隨時發揮好表現。

14

盡可能減少與「討厭的人」、「相處不來的人」接觸的機會。
或是反過來積極主動接觸。
2種方法都可以嘗試。

15

找時間寫封信給照顧過自己的人，以及自己重視的人吧。

16

做好「不抱期待」的心理建設。

17

道謝雖然只是一句話，但還是有它的分量。

18

下雨天是「負面循環」的開端，要更加留心重開機。

19

就寢前留3分鐘專心呼吸的時間。

20

維持一定的節奏走路對自律神經是最好的。

21

提醒自己「打造適合睡眠的環境」並養成習慣，
身體也會逐漸理解「這樣的狀況就是休息模式」。

22

終活是讓人專心過好往後人生的「終極重開機之道」。

後記

感謝大家閱讀到最後。

近年來，我時常思考「身為醫師，寫書的意義為何」。

雖說都是醫師，但每名醫師的工作內容，以及醫療行為的對象都不盡相同。

替來到自己面前的病患診療，幫助病患從傷勢或疾病中復原至健康狀態是重要的醫療行為；研究藥物、治療方法、人體構造及疾病的機制並加以分析，拯救未來的10萬人、100萬人無疑地也是醫療。

至於我自己近10年投入最多心力的，是演講及出書，希望藉此喚醒更多人的健康意識，帶來健康相關知識及核心的觀念。

有些人讀了我的書、看了我上的電視節目、聽了廣播之後，向我表示「幸虧有您，我的自律神經變好了」、「長年折磨我的身體狀況減緩了」、「整個人都變得更積極正向了」等等。

老實說，剛開始做這些事時，我曾懷疑「這些算醫療行為嗎？」內心充滿糾結。但當我知道這樣做幫助了許多人，在各種層面變得更有活力、更積極，我也建立起「這些其實都是醫療行為」這一套屬於我自己的「準則」。

我在十幾年前出第一本書，當時連「自律神經」這個詞都沒什麼人知道，不僅社會大眾對交感神經、副交感神經十分陌生，媒體也幾乎不會提起這些詞。

但現在不一樣了。

許多人都擁有自律神經的相關知識，並用來提升自己的健康及身心狀態。

這當然並非我一個人的功勞，但我很自豪自己過去的努力，已結出了小小的果實。

這本書的主題是「重開機」。

內容雖然仍是以「照顧自律神經」為主，但除了大量運用這方面的知識，我在寫這本書時一直秉持著「從現在起讓人生重開機」的想法。

我在前面也提過，「夜愈深，黎明愈近」是我很喜歡的一句話，這句話的意思是，愈是感到艱辛痛苦，代表希望來臨的時刻也愈接近了。

如果問我「希望什麼樣的人來看這本書」，我的回答是「當然是愈多人看愈好」。但如果真要說有什麼特定對象，我會說是**「目前正在受苦，覺得看不見希望的人」**。

相信有些人現在可能對健康感到不安，或為了工作、人際關係、家庭等問題煩惱。

但無論你是怎樣的人，都可以從現在起讓人生重開機。

雖然現在很痛苦，但「光明的希望」就在不遠處。**只要讓身心重開機，抱持著積極的態度抬起頭來，你很快就會看到光明。**

若本書能成為你重開機的機緣，對我來說將是最大的喜悅。

撰寫本書期間承蒙各方諸多關照，謹在此鄭重表達謝意。

小林弘幸

本書為全新執筆之作。

重整習慣

重開機生活，打造新人生

出　　版／楓葉社文化事業有限公司
地　　址／新北市板橋區信義路163巷3號10樓
郵政劃撥／19907596 楓書坊文化出版社
網　　址／www.maplebook.com.tw
電　　話／02-2957-6096
傳　　真／02-2957-6435
作　　者／小林弘幸
翻　　譯／甘為治
責任編輯／詹欣茹
校　　對／邱凱蓉
內文排版／洪浩剛
港澳經銷／泛華發行代理有限公司
定　　價／350元
初版日期／2024年1月

國家圖書館出版品預行編目資料

重整習慣：重開機生活,打造新人生 / 小林弘幸作；甘為治譯. -- 初版. -- 新北市：楓葉社文化事業有限公司, 2024.01　面；　公分

ISBN 978-986-370-639-7（平裝）

1. 成功法 2. 健康法 3. 生活指導

177.2　　112020520